지방자치발전론

지방자치발전론

한 만 봉 지음

한국학술정보㈜

지방자치발전론 머리말

지방자치는 국가행정의 큰 틀 속에서 운영되는 것으로 국가의 발전방향이나 국가행정과 무관한 지방자치는 없다. 그러므로 지방자치는 크게는 국가발전이요, 작게는 지역발전인 것이다. 국가발전전략을 토대로 지방발전을 추구하고, 지방발전을 통해 국가발전을 이루어 나가는 것이 오늘날 세계적인 흐름이다. 지금은 경쟁력 강화를 통한 국가·지방발전에 나서야 할 때이다.

지방자치의 성공을 위해서 정치계, 사회계, 문화계, 교육계가 한마음을 가져야 할 때다. 그런데 요즘은 어떠한가? 서로 자기분야만 옳다고 하고 타인을 배려하거나 존중하지도 않으며, 타학문을 멸시하는 태도가 만연하다. 이것을 이제는 환원해야 한다. 환원이라 하는 것은 변질되지 않은 순수한 지방자치발전으로 돌아간다는 말이다. 즉 희망의 정치, 희망의 행정, 희망의 교육으로의 전환이 필요하다는 것이다. 새로운 이론만이 대안인 양 떠들어대서도 안 되고, 수구세력의 수구적 가치만이 옳다고 해서도 안 된다.

서로 마음을 같이하여 한마음을 품고 지방자치발전을 위해 힘을 모아야 한다. 이 책은 이런 가치관과 관념을 가지고 집필하게 되었다. 좀 더 나은 민주주의, 좀 더 나은 사회, 좀 더 나은 지역, 좀 더 나은 시민이 되길 바란다. 우리가 남을 비아냥거리며 손가락질 할 때 손가락 하나는 타인을 가리키고 있지만 나머지 네 개는 자신을 향하고 있다는 이치처럼, 자아중심의 개혁과 혁신, 자기조정이 필요하다. 지방자치발전은 멀리 있지 않다. 우리가 마음먹고 실천하면 1,000년의 시간을 앞당길 수 있기 때문이다.

2007년 8월
명륜동 중앙도서관에서
교수 한만봉 씀

지방자치발전론 차 례

제1장
지방자치의 개념 및 역사

1. 지방자치의 개념

지방자치는 일정한 지역의 주민들이 자치단체를 구성하여 그들의 공공사무를 자기들의 재원에 의해서 스스로 또는 대표를 선출하여 처리해나가는 것을 말한다. 여기서 일정한 지역이란 지방자치단체를 구성하는 지역적 범위를 의미하며 주민들은 지방자치단체 구성의 핵심적 요소이다.

공공사무는 자치사무를 의미하며, 자기들의 재원에 의해서는 자주재원을 의미한다. 그리고 스스로 처리해 나간다는 것은 주민들이 작은 자치단체에서 직접민주제 방식에 의해서 공공사무를 처리해 나가는 것을 의미하며 대표를 선출하여 처리하는 것은 주민들이 지방선거를 통해서 대표를 선출하여 자치사무를 처리하는 것을 의미한다. 그러나 이런 지방자치는 일정한 국가의 감독을 받게 되어 있다. 어디까지나 지방자치단체는 분리단체가 아니고 분권단체이기 때문이다.

지방자치의 개념에는 첫째, 지방공공단체, 둘째, 공동문제, 셋째, 자기부담, 넷째, 자기처리, 다섯째, 국가감독, 즉 지방자치단체, 자치사무, 자주재정, 주민참여, 중앙통제의 요소가 포함된다. 지방자치는 지역주민들이 집합적으로 지방자치단체(독립적인 공법인)를 설립하여 공동적으로 지방자치를 실현하는 것이며, 지방자치에는 그 지역의 주민들이 공동적으로 처리해야 할 일정한 공동문제가 있어야 한다. 그리고 이런 공동문제를 주민들 자신의 부담으로 처리하는 것이 필수요건이다. 또 지방자치는 주민들이 자기들의 문제를 스스로 처리하는 것이 필수요건이다.

주민들이 지방자치에 참여하는 방식에는 직접참여와 간접참여가 있다. 오늘날에는 간접참여가 보편적이다. 그것은 자치구역의 확대, 인구의 격증, 사회의 복잡화 등으로 직접참여가 불가능하기 때문이다. 간접참정제는 지방자치단체를 구성하는 자치단체장의 선출과 지방의회 의원의 선출 등이 있다. 이와 같이 간접참정제가 주를 이루지만 보충적 수단으로 주민발안제(intiative), 주민소환제(recall), 주민투표제(referendum) 등 직접참여방식을 많은 나라들이 채택하고 있다.

한편 지방자치는 일정한 국가의 감독을 받게 되어 있다. 그렇다고 해서 무한정한 감독을 받는 것은 아니다. 지방자치단체는 국법에 의해 설립된 것이고 자치권은 국가주권 아래 권리이기 때문에 국가의 일정한 감독을 받게 되어 있다.

2. 지방자치의 역사

우리나라의 지방자치가 체계적이고 본격적으로 시행된 것은 그 역사가 얼마 되지 않았다. 그러나 지방자치와 관련된 역사적인 제도는 아주 오래전부터 있어 왔으며, 그 시대부터 지금의 지방자치에 이르기까지, 지방자치의 역사는 꽤 오래되었다.

먼저 고려 시대부터 살펴보자면, 그 시대의 지방자치적 제도로는 첫 번째로 사심관 제도를 들 수 있겠다.

사심관 제도는 고려의 초기에 건국 공신에게 출신 지방의 통치를 맡겨 어느 정도의 독립성을 가지고 지방을 다스리게 한 제도이다. 이는 지방분권적 요소를 가지고 있었으므로 지방자치에 유사한 제도의 하나였다고 볼 수 있다.

두 번째로 고려에는 향직 단체가 있었는데 향직 단체는 지방 토호의 협조 없이는 부역, 공납 등의 과징이 어려웠던 고려 초기에 그들에게 중앙관직의 위계와 같은 명칭과 직위를 주고 목, 군, 현에서 지방 행정을 담당하게 하였던 일종의 행정조직이다. 이는 말하자면 지방 세력가를 중심으로 한 일종의 자치 기관이라고 할 수 있다.

다음으로 조선시대의 자치적 제도를 살펴보면 다음과 같다.

그 첫 번째가 향청제도인데, 향청은 조선초기의 유향소를 일시 폐지하였다가 이를 '향청'으로 개칭하여 공인하게 된 지방 대표기관이었다.

두 번째는 향약제도인데, 향약은 조선 중기 이후 지방의 양반, 토호, 유림 등의 상류 계급에 의하여 자발적으로 수행된 교화 운동으로써, 자치 운동의 일면을 지니고 있다.

세 번째로 면과 동, 리를 들 수 있는데, 면과 동, 리에서는 면장과 동, 이장 등의 선임에 그 주민의 의사가 많이 반영되고, 면과 동, 리의 경비도 주민이 각출하여 충당된 외에, 동, 이민 사이에는 연대 책임제가 실시되었다.

다음은 근대적 지방자치의 생성에 관한 것인데, 그 첫 번째로 갑오경장기의 자치적 제도인 향회제도를 들 수 있다. 1895년(고종 32년) 11월 3일 채택된 향회제도는 지방주민으로 하여금 지방의 공공사무의 퍼리에 참여할 수 있게 함으로써 우리나라에 있어서 근대적 의미의 지방자치의 첫 시작을 이룬 제도였다.

두 번째로는 일제 시대의 자치적 제도를 들 수 있다. 일제 시대 초기에 일제는 무단정치를 통해 억압적 국가기구를 강화, 대규모 관료의 투입을 통한 중앙집권화적 근대국가의 기틀을 발전시켰다. 그 결과 조선조에 존재했던 지방정치의 상대적 자율성은 약화되었다. 그러나 일제는 식민지의 국가중앙권력의 지배효과를 극대화하기 위하여 한국의 토착지주세력을 정치적으로 배제하면서도 경제적으로는 포섭하였다.

20년대에는 1920년 7월, 도에는 평의회, 부와 면단위에는 협의회, 23개의 면에 민선면협의회가 구성되는 등 역사상 처음으로 적어도 형식적인 측면에서 지방자치의 제도적 시행이 착수되었다. 그러나 일제가 추진한 지방자치원리의 도입은 여전히 중앙의 총독부권력을 지방수준에서 정당화하여 지역사회에 대한 행정적 침투력을 고양하고자 하는 것이 목적이었으며, 이를 통해 일제의 민족분열정책도 심화되었다.

30년대에 일제는 한국의 상층계급을 식민지통치기구 안으로 더욱 확실하게 끌어안기 위하여 식민지 내 기존의 지방자치제를 강화하는 쪽으로 결론을 내렸다. 1930년 12월부와 읍의 협의회에 의결권을 부여하는 것, 관선면협의회 회원을 모두 민선으로 바꾸는 것 등을 내용으로 하는 새로운 지방자치제도 개선안이 공포되었다. 그러나 지방의 각종 협의회는 조선총독부의 정책을 의례적으로 통과시키는 도구에 불과했고, 자산가나 친일파들을 관변(官邊)으로 중용하는 계기로 활용되었을 뿐이었다. 즉 일제가 지방자치제를 부분적으로 도입한 진정한 목적은 일본제국주의를 국내에서 강화하고 지역자치라는 외형을 통해 조선총독부의 지방행정의 효율성을 제고하고자 하는 것이었다.

45년 이후, 해방은 우리나라에서 권력의 공간적 재구성을 통한 지방분권화가 본격적으로 이루어질 수 있는 결정적인 기회를 제공했다. 그 주역은 건국준비위원회 지방지부 혹은 지방인민위원회였다. 인민위원회는 자생적으로 등장하여 자발적으로 운영되었다. 해방 직후 불과 몇

주 만에 전국 13개 도에 도인민위원회가 구성되었고, 145개 지역에 시·군 인민위원회가 만들어졌다. 인민위원회는 해당지역에서 치안의 유지, 식량통제, 소작료 조정, 센서스 조사, 학교운영 등과 같은 기능을 비교적 잘 수행하였다. 이러한 자치의 효율성은 주민들의 지지와 호응이 높았던 이유도 있었지만, 무엇보다 지역사정에 능통했기 때문이기도 하였다. 또한 제도적 측면에서 부분적으로는 인민위원회의 지도자들이 보통/직접선거에 의해 선출되었고 이와 아울러 지역 내 공동체 의식이 발현되었다는 의미에서 민주적인 요소도 많았다. 그러나 해방 직후 나타났던 이러한 자생적 지방자치는 실패로 끝나고 말았다. 그것은 남한에 진주한 미군이 강력한 중앙집권적 통치체제를 재구축했기 때문이었다. 그것은 미국이 물리적으로 남한의 좌경적 정치발전을 부인하면서 인공을 불법화시킨 정치적 결과였다.

그다음은 권위주의 통치시대인데, 전후 남한은 지정학적으로는 물론 경제적으로도 미국의 종속국가로 전락했다. 그 결과 미국은 한국에서 지방자치의 실현을 포함한 민주주의의 번영보다는 자신의 전략적 및 경제적 이익을 보다 효과적으로 반영하고 대변할 수 있는 중앙집권적 국가와 그것을 뒷받침할 수 있는 강력한 지도력을 선호했다. 또한 국내적으로도 국가권력에 대적할 만한 사회적 세력이 존재하지 않았다. 물론 적어도 형식적으로 볼 때 1948년 제정된 우리나라 초대헌법은 지방자치를 명분화한 것이 사실이었고(민주주의의 외양을 위해서는 지방자치제의 도입이 필요하였으므로) 또 1949년 7월, 지방자치법이 공포되었으나 이와 같은 지방자치제도는 일제가 효율적인 식민통치를 위해 편제한 중앙집권적 행정체제의 바탕 위에 지방의회 및 단체장에 대한 선거·임명 규정만 덧붙인 것이었다. 즉 지방자치제는 명목적인 장식물일 뿐이었다.

다음은 이승만 정권시대의 자치제도로, 이승만은 1949년 12월, 한 번도 시행되지 않은 지방자치법을 개정, 국내적 불안정을 이유로 지방 자치의 실시보류로 인한 지방행정의 공백에 대응하였다. 개정된 지방 자치법은 지방선거실시를 보류함으로써 지방자치제를 실질적으로 무 의미하게 만들고 말았다.

1952년, 한국전쟁의 와중에 돌연 지방의회선거가 실시되었다. 이 역 시 이승만의 정치적 야심에 의한 것으로써 당시 대통령을 간접 선출 하는 권한을 가진 국회가 야당 혹은 이승만의 정치적 반대파의 주도 하에 있던 상황은 이승만의 재집권을 어렵게 만들고 있었다. 이승만은 따라서 기존 국회의 무력화를 기도했는데 그 결과로 시행된 것이 그 동안 국내정세의 불안과 치안유지를 구실로 실시가 유보되던 지방의 회선거였다. 이렇듯 우리나라 최초의 지방의회선거는 민주주의의 발전 과는 무관하게 최고지도자의 정치적 목적을 달성하는 데 이용되었을 뿐이었다.

1952년, 초대지방의회가 생긴 지 3년도 채 못 되어 이승만 정권은 지방자치법의 제2차 개정을 모색했는데 그 까닭은 지방의회가 지방단 체장에 대한 불신임을 결의하는 경우가 빈발하여 단체장들이 고유 업 무를 수행하는 데 차질을 빚게 되었음은 물론, 단체장과 의원들 사이 에 청탁이나 이권거래가 성행하는 등 지방자치제도 운영에 있어서 적 지 않은 시행착오가 나타났기 때문이었다. 1956년 2월, 2차지방자치법 개정 이후 5개월 만에 이승만 정권은 다시 지방자치법을 개정했는데, 이는 야당계 인사가 지방자치단체장선거에서 이길 경우를 최소화하기 위한 방안이었다.

이승만 정권은 1958년 12월 24일, 다시 한번 지방자치법을 개정했는

데 그 내용은 지방자치단체장에 대한 임명제를 도입하는 것으로써 지방자치제를 유명무실화하여 강력한 중앙집권적 통치체제를 구축하는 것이 목적이었다. 이처럼 1960년의 4·19혁명에 의해 이승만정권이 붕괴할 때까지 우리나라 지방자치제의 역사는 최고 권력자의 정치적 요구에 뒤따르는 것이었다.

다음으로 1960년 4월~1961년 5월 사이이다. 이때, 4월 혁명은 민주주의시대의 개막을 알리는 계기가 되었다. 새로 출범한 민주당 정권은 1960년 11월 1일, 전면직선제를 골자로 하는 지방자치법개정안을 확정하였다. 이에 따라 그해 12월에 서울특별시와 도의회선거, 시·읍·면장 선거 및 서울시장과 도지사선거가 실시되었다. 이것은 우리나라 지방자치 역사상 최초로 완전한 자치의 형식을 취한 것으로써 실질적 권력의 공간적 분권화를 위한 출발점이었다.

다음으로 5·16군사쿠데타 이후의 지방자치제의 발전인데, 60년대 초 도입된 지방자치제 또한 1961년 5월 16일에 발생한 군사쿠데타에 의해 단명하고 말았다. 5·16군사쿠데타는 학생을 통해 표출되었던 시민사회의 역량발화를 군부중심의 국가영역이 무력으로 진화한 과정이라고 볼 수 있다. 그리고 이러한 반전은 지방자치제의 발전에도 즉각적인 영향력을 행사했다. 군사쿠데타 세력은 전국의 지방의회를 일시에 해산하고 각급 지방의회의 의결사항을 상급 지방자치단체장이 집행하도록 조치했다. 1962년 4월 21일, 공포되고 같은 해 10월 1일부터 시행된 '지방자치에 관한 임시조치법'은 모든 지방자치단체장들의 하향적 임면원칙을 제도화시켰다. 이처럼 지방의회가 사라지고 지방자치단체장이 임명직으로 바뀐 사실은 내용적으로 볼 때 지방자치제를 근본적으로 부인하는 처사였다. 박정희 정권은 지방의회의 구성시기를

법률로써 정한다고 하였음에도(1962년 12월 26일 개정헌법 96조, 97
조) 실제로는 그러한 법률을 제정하기 위한 아무런 조처도 취하지 않
음으로써 5·16 이후 우리나라는 전면관치의 초중앙집권적 시대로 접
어들었다.

다음으로 박정희 정권 시대는 안보와 경제발전이 국가의 최우선목표
로 설정되었다. 그 결과 미국에 대한 지정학적 의존관계는 심화되어갔
고, 미국은 한국에서 민주주의나 지방자치가 실시되는 것보다는 중앙
집권적 국가체제와 권위주의적 지도력을 선호했다. 또한 한국의 급속
한 경제성장은 전형적인 국가주도형이었다. 강력한 국가적 지도력을
위해 정치적 분권화보다는 행정적 일원화논리가 지배적이었고, 지방은
중앙권력기관의 대리인이자 하수인에 불과했다. 독재 권력에 의해 지
방자치가 철저히 박탈당하는 동안 권력과 자본의 지배효율성을 제고하
기 위하여 우리나라의 모든 정치적, 행정적, 경제적, 사회적, 그리고 문
화적 측면들은 중앙집권화를 강화하는 방향으로 치달았다. 박정희 시
대를 통틀어 우리나라의 지방자치제는 암흑기에 갇혀 있게 된 것이다.

다음으로 민주주의 이행시기의 지방자치제의 발전이다.

먼저, 1980년대 중반 이후에는 지방자치문제가 다시 거론되기 시작
한 것은 5공화국 말기인 80년대 중반이었다. 그 요인으로는 정치적으
로 85년 2월 12대 총선에서 야당인 민주통일당이 대약진에 성공한 것
이 중요한 계기로 작용하였다. 또한 고도경제성장으로 시민사회의 계
급성 신장, 재벌로 대표되는 자본가계급의 국가의 개입에 대한 반발,
노동자계급의 양적·질적 성장, 경제성장과정에서 축적된 국력신장으
로 안보부담의 축소, 동서냉전체제의 약화, 80년대 말 시작된 사회주
의권의 붕괴, 부와 권력의 중앙 집중이 자원낭비와 관리의 비효율성을

초래하는 등 국내외적, 정치·경제·사회적 요인들이 작용하였다. 이를 배경으로 80년대 중반 이후 민주주의에 대한 국민들의 열망이 높아지면서 지방자치제는 정치권의 주요현안으로 대두하였다.

1987년 당시 민정당대표인 노태우의 '6·29선언'에 의하여 지방의회의 전면구성이 새롭게 제안되었다. 또한 같은 해 11월 17일, 정부와 여당은 13대 대통령선거공약으로 지방자치제의 전면실시를 발표하였으며 나머지 정당들도 지방자치제의 실시를 지지하였다.

노태우정권(6공화국)시대의 지방자치의 발전으로, 13대 대통령선거에서 노태우가 당선되고부터 그가 취임하기 이전까지 지방자치제 실시문제와 관련 여야 간에 정치적 협상이 전개되었다. 그러나 여야가 끝내 합의를 이루지 못한 가운데 민정당은 88년 3월 8일, 임시국회 본회의에서 지방자치법과 지방의회의원선거법 등을 단독으로 변칙, 처리했다. 같은 해 4월 6일에 공포된 지방자치법 부칙에 의하면 시·군·구의회는 89년 4월 30일까지, 시·도의회는 91년 4월 30일까지 구성하기로 하였으나 지방자치단체장 선출시기에 대해서는 침묵했다. 88년 4월 26일에 실시된 13대 국회의원선거결과 이른바 〈여소야대〉로 인하여 야권3당은 여당의 독주를 견제할 수 있게 되었다. 야권3당은 지방자치 문제를 논의하기 위하여 공조체제를 마련했고, 89년 3월 4일에 지방자치법 중 개정 법률안을 성안하여 3월 15일 임시국회에서 통과시켰다. 정부·여당은 야당이 통과시킨 개정 법률안에 대해서 재의(再議)를 요구하면서도, 당시까지 유효하게 남아 있던 지방자치제 관련 현행법률, 곧 1989년 4월 30일까지 시·군·구의회를 구성한다는 법률적 약속마저 이행하지 않았다. 이에 따른 비판으로 여야4당은 지방자치문제를 원점으로 돌려 재협상하기로 하고 마침내 89년 12월 19일, 새로운 지방자치법개정안이 여야합의에 의해 만들어졌다. 이제 시행만이 남은 듯 보였던 지방자치문제는 90년 1월, 민정당과 통일민주당, 신민주공화당이 이른바 3당 통합을 결행함으로써 다시 표류하기 시작했다. 새로운 거대 집권여당으로 등장한 민주자유당은 89년 12월에 합의한 지방자치제 관련법안의 전면적 재검토를 선언한 것이다. 정부와 여당은 당시까지 법적으로 효력을 지니고 있던 90년 6월 30일 이전에 기초 및 광역 자치단체지방의회를 구성한다는 정치적 약속과 법률적 의무를 또다시 이행하지 않았다.

이에 대한 여야 간의 첨예한 대립 끝에 90년 12월 31일, 151회 정기국회에서 여야만장일치로 지방자치법 중 개정 법률안, 지방의회의 원선거법 개정 법률안, 그리고 지방자치단체장선거법안 등이 통과되었다. 그러나 정부와 여당은 지방자치단체장선거를 준비하지 않는 등 지방자치제의 전면적 실시에 미온적인 태도를 드러냈다. 그리고 마침내 1992년 연두기자회견에서 노태우는 단체장선거의 연기를 일방적으로 선언하기에 이르렀다.

마지막으로 김영삼 정권 시대의 지방자치의 발전이다.

집권여당인 민주당이 비타협적 태도를 견지한 채 1992년 12월에 14대 대통령으로 김영삼이 당선되었다. 김영삼은 선거캠페인에서 95년 단체장선거실시를 공약했었다. 그 후 94년 3월 4일에 마침내 단체장선거를 포함한 이른바 4대 지방선거를 1995년 6월 27일에 실시한다는 내용을 담은 지방자치법을 국회에서 통과시키고 16일에 공포하였다. 그리고 마침내 1995년 6월 27일에 역사적인 4대 지방선거가 실시되었다. 이로써 지방의회는 제2기의 출범을 기록했고 지방자치단체장선거는 1960년대 이후 30여 년 만에 부활했다.

지난 1991년, 그야말로 우여곡절 끝에 지방자치제가 부활되었으나 지방자치단체장선거는 없는 반쪽 지방자치제였다. 1995년 6월 27일 처음으로 지방단체장과 의회의원들을 선출하는 온전한 지방자치제가 자리 잡게 되었다.

위에서 살펴본 바와 같이, 지방자치제도는 오래전의 역사 속에서부터 그 토대를 다져왔다. 이제까지의 역사적 발전을 토대로 우리나라도 다른 선진국에 못지않은 체계적이고 효율적인 지방자치제를 실시하여 국가의 발전과 국민의 편의를 계속해서 도모해야 할 것이다.[1]

3. 지방자치와 지방행정

지방자치단체가 처리하는 행정/지방에서 수행하는 행정

* 지방에서의 행정처리방식과 지방행정의 개념

처리주체	국가의 시각	주민의 시각
① 국가(중앙정부)가 직접 처리	직접행정	관치행정
② 국가가 처리할 것을 지방자치단체 또는 집행기관에 위임하여 처리	간접행정	위임행정
③ 지방자치단체(지방정부)가 처리	간접행정	자치행정

---

1) http://myself44.com/cgi-bin/technote/main.cgi?board=report&number=108&view=2&howmanytext

■ 지방행정의 특징

• 지역행정
• 생활행정
• 일선행정(대화행정)
• 자치행정
• 종합행정

■ 국가행정과 지방행정의 비교

구 분	국가행정	지방자치행정
행정수요의 내용	전체성의 요청	지역성의 요청
행정사무에 대한 이해	통일적·획일적 파악	개별적 파악
실시방법	일원적 실시	다원적 실시
실시목적	일반적 이익추구	지역주민의 이익추구

■ 지방행정의 지도이념

• **개념:** 지방행정이 추구해야 할 가치
• **지방행정 지도이념 간의 우선순위**
    - 목적 관련성: 민주성, 합법성 – 최상위목적
                    공정성, 신뢰성 – 상위목적
                    개별성, 다원성 – 하위목적
    - 목적의 실현: 합목적성, 효과성
    - 수단 관련성: 합리성, 능률성, 생산성

■ 중앙집권과 지방분권

1) 개념
- **중앙집권**: 결정권한이 중앙정부에 비교적 많이 집중
- **지방분권**: 결정권한이 비교적 지방자치단체에 많이 분산

■ 중앙집권과 지방분권의 장점

중 앙 집 권	지 방 분 권
· 행정의 능률성 제고 · 소규모 국가에 유리 · 강력한 행정력 발휘 · 통일적 행정 가능 · 국가적 위기대처에 용이 · 전문화에 기여	· 행정의 민주성 제고 · 중앙정부의 업무부담 경감 · 지방공무원의 사기앙양 · 지역실정에 부합된 행정이 가능 · 신속한 업무처리 가능 · 정책의 지역적 실험이 용이

※ 중앙집권의 장점은 지방분권의 단점으로
　지방분권의 장점은 중앙집권의 단점으로 나타남.

■ 광역행정

1) 의의
- **개념**: 행정의 민주성·효과성·능률성의 제고, 한 지방자치단체의 구역을 넘어 넓은 지역에 걸쳐 일정한 행정사무를 종합적·통일적으로 처리하려는 행정기능 수행 방법
- **필요성**: 교통·통신의 발달, 주민의 복지향상, 효율적인 지역개발, 능률성과 민주성의 조화

■ 광역행정방식

처리주체별	처리수단별	처리사업별
·하급자치단체방식 ·상급자치단체방식 ·지방 일선기관에 　의한 방식	·연합 - 독립된 법인격 유지 ·합병 - 법인격 상실 ·특별구역 설정 ·특별기구 설치 ·공동처리(조합, 행정협정, 행정협 　의회, 사무위탁, 파견 등)	· 특정사업방식 · 종합사업방식

　일정한 지역공동체의 주민이 자치단체에 참여하여 자주적으로 지역
공동사무를 처리하는 것

* 개념과 개념적 요소

　또는 ① 일정한 지역의 주민들이 지방공공단체를 구성하여: 지방공
공단체 ② 국가(중앙정부)의 일정한 감독 아래: 국가감독 ③ 그 지역
안의 공동문제를: 공동문제 ④ 자기부담에 의하여: 자기부담 ⑤ 스스
로(또는 대표자를 통하여) 처리하는 것: 자기처리

■ 지방자치의 기본요소

요 소	내 용
지　역	자치권이 미치는 공간적 범위
주　민	인적 구성요소
자치기구	·의결기관: 지방의회 ·집행기관: 자치단체의장 및 예하기관

요 소	내 용
공공사무	·고유사무 ·위임사무 기관위임사무: 결정은 국가, 집행은 자치단체의 장, 중앙통제 강함 ·단체위임사무: 결정은 지방의회, 집행은 자치단체의장, 중앙통제 약함
자치권	·자주행정권 ·자주입법권: 조례(지방의회제정), 규칙(자치단체의장이 결정) ·자주재정권: 세수입 · 세외수입 ·자주조직권

■ 지방자치의 가치

1) 정치적 가치
* 중앙정부의 비민주적 독선 방지
* 정치·행정의 지역적 실험 가능
* 민주정치를 위한 훈련장
* 자치정부에 대한 관심·지원·참여·개선의 효과
* 민주적 사회개혁의 효과

2) 행정적 가치
* 지역적 특수성에 적합한 행정
* 종합행정의 가능
* 지역의 창의성 발휘와 지역적 실험효과
* 중앙정부의 과중한 업무 부담 해소

* 통일에의 기여

■ 지방자치와 민주주의

1) 관계긴밀성(Panter-Brick): 관계긍정설, 불가분설
• 중앙집권에 따른 자유권 상실의 방지(국가권력의 제한원리로 적용)
• 민주시민 교육 및 양성(민주주의의 학교)
• 민주주의의 전제로서의 지방자치
• 민주주의 이념의 실천적 원리
• 지방자치와 효율성
• 지역사회의 문제와 행정수요에 민감하게 반응
• 지역적 성격을 가진 정책문제와 행정문제를 보다 신속·정확하게 처리
• 종합행정(not 할거행정)
• 지역주민의 생산적인 참여 유발
• 다양한 정치행정적 실험이 가능
• 지방자치단체 간의 경쟁 유발
• 통치권의 분권화·내면화를 통한 정치적 통일의 확보
• 중앙정국의 혼란방지 및 지방행정의 안정성 확보

2) 관계부정설(Langrod)
• 낮은 참여
• 소수자전제의 가능성
• 다수의 횡포의 가능성
• 배타주의와 분리주의의 학습
• 유럽대륙의 역사적 우연에 불과
• 민주주의에 역행하는 경향
• 직업공무원제의 채택

- 지방자치와 효율성
- 지역이기주의
- 전국적 문제를 등한시
- 지방공무원의 자질 부족

■ 지방자치의 계보

1) 주민자치:

- 정치적 의미의 자치행정
- 지방의 조세로써 경비 지출
- 국가의 법률에 따라 명예직 공무원에 의한 처리
- 지방자치단체의 행정. 자치단체와 주민과의 관계에 중점

2) 단체자치:

법률적 의미의 자치행정 국가와 별개의 법인격을 가진 지방자치단체가 국가로부터 상대적으로 독립된 지위와 권한을 부여받아 일정한 범위 내에서 중앙의 통제를 받지 않고 독자적으로 행정하는 제도자치단체와 중앙정부와 관계에 중점

* 오늘날 양제도의 특징이 혼합된 지방자치제도를 채택

〈주민자치와 단체자치의 비교〉

차이점	주민자치	단체자치
1. 의미	정치적 의미	법률적 의미
2. 국가	영국, 미국	독일, 일본
3. 자치권의 인식	자연적, 천부적 권리	국가에서 전래한 권리
4. 자치의 중점	지방정부와 주민과의 관계	중앙과 지방단체와의 관계

차이점	주민자치	단체자치
5. 사무의 구분	고유사무	고유사무와 위임사무
6. 수권방법	개별적 수권주의	포괄적 수권주의
7. 중앙통제방법	입법적, 사법적 통제	행정적 통제
8. 조세제도	독립세	부가세

■ 지방자치의 현대적 의미

1) 지방자치의 위기론
- 지방자치의 역사적 기반상실
- 향토애의 약화(자치제도의 정신적 기초의 상실)
- 지방재정의 빈약
- 정당의 개입
- 정치적 중립성 저해

2) 지방자치의 개편론
- 정치권력의 중앙집권화 경향
- 재정적 연방주의에 따른 중앙의존 경향
- 사회복지기능의 중앙의존 경향

■ 신중앙집권화

1) 의의: 중앙집권화→지방분권화→중앙집권화(행정의 민주화와 능률화의 조화)
* 중앙정부와 지방정부의 정치적 민주화가 제도화되고 사회적으로 완비되는 것.

2) 신중앙집권화

- 과학기술과 교통, 통신의 발달
- 국민생활권의 확대
- 경제적인 규제의 필요성
- 지방재정의 취약성
- 국민적 최저생활수준 유지의 필요성
- 현대행정의 양적·질적 변화
  * 이에 대한 자치단체의 능력부족

3) 신중앙집권화의 형태:

- 지방기능의 중앙 이관
- 중앙통제의 강화
- 중앙재정에의 의존

4) 신중앙집권의 한계:

- 중앙통제와 지방정부의 자율성 간의 균형유지
- 국가공무원과 지방공무원의 차별배제
- 능률화와 민주화의 조화
- 전국적인 획일성 안 됨
- 자치단체의 구역을 기계적, 인위적으로 무제한 확대 안 됨

  * 민주주의라는 관점에서 신중앙집권화의 재해석
    - 직접민주주의→간접민주주의(대의민주주의)
  * 양자의 장단점
    - 민주성 제고 위해 지방자치 실시 그러나 정보화와 전자민주주의 발전

■ 신지방분권화

중앙집권화가 제고되는 동시에 지방정부의 사무나 조직이 확대
- 중앙과 지방의 상호의존관계 증가→상호의존관계 증가

    즉 공동목표 달성 위해 협조: 기능배분과 연계
- 방향

    중앙: 입법권한, 제도상의 권한과 재원보유 우월

    지방: 조직자원(집행능력), 정보자원 수집과 처리에 우월
* 이러한 장점에 의해 상호의존성 증가

■ 한국 지방자치의 전개과정

1) 지방자치의 전통: 조선시대

① 지방분권의 전통

* 조선시대의 통치체제는 고려의 중세적 지방분권체제를 중앙집권화하는 데 있었다.(군현강화) 그러나 일반적 통치이념과 달리 지방분권체제 유지
• 군형승강법: 충신, 역신이 나온 군현품격 승강의 집단상벌제도
• 월경지 존재
• 지방관들이 봉건제후에 필적하는 막강한 권한 행사

    : 중앙통제 벗어나 중앙집권화에 역행

    : 지방관 통제가 곤란
• 지방분권적 인사행정: 수령까지만 중앙정부가 임명. 이서(향리, 아전)에 대해서는 정원만 정하고 군현의족자적 인사권 인정

- 군현이 세입, 세출에 관한 전권 행사: 중앙에 일정액만 수납하고
  관아경비에 충당
- 이서들의 막강한 행정실무권한이 지방관의 중앙집권적 역할 제약
- 군현단위에 양반총회인 향회와 집행위원회격인 유향소(임란 후 향
  청)의 역할 공인
* 지방에 자치권 인정해 줌으로써 협력을 얻기 위함. 이를 통해 중앙
  통제력의 한계 극복
- 면리에 대한 직접적 중앙통제력이 미치지 못함. 수령이 간접적 전달

② **주민자치의 전통**
- 향회를 중심으로 한 군현의 주민자치
  - 향 회: 재지사족들의 모임. 군현의 제반 실무에 큰 영향력 행사
  - 유향소: 집행위원회
- 촌회 중심의 면리 주민자치
  - 면리는 중앙통제 밖에서 자치적으로 운영
    : 자치적 인사
    : 자치적 재정
    : 면리 소요경비 면리주민이 부담
  마을대소사를 일가대표 가장들이 참석하는 촌회에서 상의, 결정
* 이후 갑오개혁과 광무개혁에 의해 지방자치 전통 파괴
* 일제시대의 지방행정제도 개편: 형식적, 허구적 지방자치(일제통제
  의 원활화 수단)

2) 지방자치의 여명: 태동기

① 지방자치조항 규정
- 1948년 11월 법률 제8호로 지방행정에 관한 임시조치법 공포
  : 지방자치법 제정 전제의 입시법
- 1949년 3월 9일 지방자치법 통과, 12월에 1차 개정
* 그러나 6·25로 인하여 실시는 되지 못함

② 지방자치 태동
• 1952년 부산 피난수도에서 지방의회 의원선거 실시 공포

  4월 25일 시읍면의회 의원 5월 10일 도의회 의원선거로 민선지방의회 구성의의는 이승만 대통령의 정치적 기반세력 확보에 있었음. 졸속적 시행 시읍면장의 지방의회 의원이 선출하는 간선제 장에게는 의회 해산권을 의회에는 불신임 결의권 부여→견제 외 균형(전횡 방지)

  불신임 결의권이 난무: 의회 해산에는 감독관청의 허가가, 불신임에는 자유로움

  * 1956년 2월, 2차 개정
  * 1956년 7월, 3차 개정
    • 1960년 6월, 개정헌법에서 시읍면장의 직선 규정
    • 1960년 11월, 지방자치법 개정
      - 자치단체장 주민 직선
  * 공과의 평가

3) 지방자치의 중단기

• 1961년 5·16과 군사혁명의원회가 지방의회를 해산함으로써 지방자

치 중단 동시에 지방자치에 관한 임시조치법으로 지방자치단체의
자치권 말살

4) 지방자치의 부활

- 배경
  - 새마을운동, 반상회 통한 국민동원 노력 지속. 그러나 이에 대한
    반발과 지방자치제 실시요구 강화
* 1980년 제5공화국 헌법에서 "지방의회를 지방자치단체의 재정자립
  도를 감안하여 순차적으로 구성하며 지방의회 구성 시기는 법률로
  정한다."고 규정(부칙 제10조)
- 1987년 지방자치법 개정(7차)
  - 특별시와 직할시의 구를 자치단체 종류에 포함
  - 지방자치단체를 광역과 기초로의 2종의 함
  - 자치단체 종류별로 사무배분 기준 정함
  - 기관대립형 기관구성
  - 지방의회: 주민직선, 4년 임기의 명예직, 행정사무감사·조사권과
    출석·답변요구권 부여
  - 자치단체장: 주민직선, 재의요구권과 선결처분권 부여
  - 정당추천제: 광역단위선거에 채택. 기초에서는 배제
* 1989년 8차, 1990년 9차 개정: 국회의원선거와 여소야대 등 정치상
  황의 영향
* 1991년 4월 15일, 기초 지방의회(선거는 3. 26)
          7월 8일, 광역 지방의회 구성(선거는 6. 20)

- 평가(긍정성)
  - 무보수 명예직에도 불구 지방자치행정의 독주 방지
  - 민원 처리에 있어서의 적극성
  - 존재 자체로서 공무원 견제
* 국민들에 대해서는 지방자치에 대한 인식의 제고
- 평가(부정성)
  - 자질의 문제(지역유지): 법에 위배되는 조례개정안 통과, 2명이 추경예산 심의(정족수)
  - 월권행위부족으로 무효, 연수 빙자한 여행, 나눠먹기 예산
  - 정당의 개입
  - 지역이기주의 및 갈등

* **1995년 4대 지방선거의 의의**
  1. 주민에게 대표 선출권을 돌려주다.
  2. 지방정치의 장을 마련하다.
  3. 분권화, 다원화된 사회를 지향하다: 수직적 문화에서 수평적 문화로
  4. 지역의 인센티브 활용을 통한 지역발전 도모
  5. 주민들에게 정치훈련과 공공심 배양의 장을 마련하다.

* **지방자치에 대한 잘못된 관념**
  1. 나라가 작기 때문에 지방자치가 필요 없다.
  2. 재정자립도가 낮기 때문에 지방자치가 어렵다.
  3. 지역이기주의 때문에 지방자치가 어렵다.
  4. 지방자치는 국가통합을 저해한다(국론을 분열시킨다).
  5. 지방자치는 신중앙집권화 경향과 어긋난다.
  6. 지방자치는 우리의 전통문화와 어긋난다.

4. 지방자치발전을 위한 지역축제 사례

함평 나비축제에는 무려 1,430천 명이나 되는 관광객이 몰려 캐릭터 상품과 지역 농산물이 많이 팔려나갔다고 한다. 얼마 전까지만 해도 대다수의 국민들은 함평이란 지명이 있었는지조차도 몰랐다. 그러나 나비축제를 성공적으로 치루면서 함평군이 국내의 대표적인 환경친화 지역으로 알려졌고, 이를 통해 대대적인 지역홍보가 이루어졌다. 또 함평군민들은 나름대로의 자긍심을 가질 수 있었고, 군수는 최고의 방법으로 군정과 자신을 홍보한 셈이었다.

이 밖에도 부산의 국제영화제, 이천의 도자기축제 등은 우리나라에서 성공한 지역축제의 사례로 꼽힌다. 그러나 행사 주최 측에선 성공이라고 발표했지만 지역주민들은 전혀 다르게 여기는 축제들도 있었다. 고양 국제꽃박람회가 그것이다. 외형적으로는 37개국 총 137개 업체가 참여하였고, 60억 원을 들여 87억 원의 수익을 거양하는 등 매우 만족스런 효과를 보았다고 발표했지만 지역주민들은 혹평을 하고 있다. 이뿐만 아니다. 현재 우리나라에는 412개의 크고 작은 지역축제가 열리고 있다. 그러나 그중 많은 부분이 실패한 행사들이며, 해당 지역의 공무원들조차 그러한 축제가 있는지 모르고 있다.

■ 지역축제의 효과

구 분	지역 내 효과	지역 외 효과
경제적 효과	·방문객 소비지출로 인한 주민의 소득효과 ·축제 투자에 의한 신규고용창출 ·관련 산업의 발전(숙박, 교통, 관광, 특화산업 등) ·지역경제 활성화	·경제교류의 확대 ·주변지역의 경제발전 ·세수 증대
사회적 효과	·지역에 대한 자긍심 고취 ·소속감 내지 공동체의식 제고 ·유대강화 및 응집력 제고 ·지역의 정체성 확립	·지역 이미지 제고 ·지역의 개성 창출 ·국제화 및 사회적 교류증대
문화적 효과	·문화 예술 향유기회의 확대 ·문화에 대한 인식 제고 ·지역문화의 보전 ·지역문화의 발전	·지역 간 문화교류의 확대 ·전통문화의 보전 및 계승

■ 지역축제의 현황

　문화관광부는 '금산인삼축제' 등 3개의 최우수축제를 포함하여 문화관광축제 등 많은 것을 문화관광부는 발표한다. 문화관광축제는 외래관광객 유치확대 및 지역경제 활성화를 위해 전국의 각 지역축제 중 관광 상품성이 큰 축제를 선정하여 지원하는 사업이다. '금산인삼축제', '안동국제탈춤페스티벌', '강진청자문화제' 등 3개 축제는 관광학과 교수, 축제관련 전문가 및 평가위원들로부터 관광 상품화 가능성, 차별화된 프로그램 운영 등 각 부문에서 고르게 높은 점수를 받기도 한다. 또한 바다 진흙인 머드를 활용한 머드슬라이딩, 갯벌극기체험프로그램 등 다양한 머드체험프로그램을 운영하고 머드 화장품 등을 개발하여 지역경제를 활성화시킨 '보령머드축제'와 '무주반딧불축제', '김제지평선축제' 및 '대구약령시축제' 등 9개 축제가 우수축제 등이다. 그리고 충남 홍성의 광천 토굴새우젓 축제, 남당이 새조개 축제, 남당이 대하축제 등이 있었다. 그리고 친환경적 소재인 나비를 활용하여 외래 관광객 140여 만 명을 유치하고 지역이미지 제고를 통한 지역경제 활성화에 기여한 경우도 있다. '함평나비축제', '양양송이축제', '강경젓갈축제', '광주김치축제' 등 지역육성 축제로 자리매김하고 있다.

　'온양문화제'와 '진주남강유등축제'는 외래 관광객유치 및 행사내용 등에서 높은 점수를 받기도 한다. '서울약령시축제', '인제빙어축제', '평창효석문화제', '보성다향제' 등 다양한 축제가 있으며, 합천 해인사의 '팔만대장경축제'와 '이천햅쌀축제' 등이 활동하고 있다.

■ 지역축제의 사례

〈소재별 지역축제 사례〉

소 재 별	축 제 사 례
전통놀이	청도 소싸움 축제, 당진 줄다리기, 양주 소놀이굿, 강동구 호상놀이
세시풍속, 민간신앙	강릉 단오제, 법성포 단오제, 은산 별산제, 진도 영등제
역사적 인물	영월 단종문화제, 충주 우륵문화제, 용산구 남이장군대제, 고양시 행주대첩제, 제천 의병제, 남원 춘향제
향토특산물, 지역산업	낙안 남도음식축제, 김제 지평선축제, 이천 도자기축제, 보성 다향제, 영양 고추축제, 진영 단 감제, 대구 섬유축제
지역 문화·예술	경주 세계문화엑스포, 부산 국제영화제, 부천 국제판타스틱영화제, 춘천 마임축제, 광주 비엔날레, 밀양 아랑제, 명동 축제
관광자원	성산 일 축제, 강화 참성단축제, 광주 남한산성문화제, 부산 바다축제
환경자원	함평 나비축제, 무주 반딧불축제

1) 사례 1 : 경기도 세계 도자기 비엔날레

경기도의 세계 도자기 비엔날레는 관대 여주, 광주, 이천 3개 시군의 지역적 특성과 경기도가 공동으로 합력하여 광역자치단체가 주관하고 추진한 도자기 축제이다.

2) 사례 2 : 함평 나비축제

함평군의 나비축제는 1999년 5월에 처음 시작하여 해가 거듭될수록 축제의 규모나 관광객 수가 증가하여 제2회 나비축제 때에는 60만 명 내외의 관광객이 함평군을 찾아왔지만, 제5회 때에는 무려 1,430,000여 명의 관광객이 도래하였다. 당시 함평군은 재정자립도가 12%에 불과하고 전체군민 46,000명 중 1차 산업 종사자가 71%인 3만 3천여 명에 이르는 전형적인 농업지대였다. 여기에 관광자원조차 매우 빈약한 곳이었다. 그러나 발전이 덜 된 만큼 자연환경이 오염되지 않았고 이러한 청정한 환경을 나비와 접목시켜 축제를 개최하여 친환경농업군으로서의 이미지를 대내외에 부각시켜 지역브랜드를 제고한 사례라고 할 수 있다.

① 나비 아이템 이미지화
나비축제의 가장 큰 성공요인은 '나비'에 있다. 나비가 주는 이미지 환상, 동화, 환경, 어린이, 추억 등 어린이의 교육적 효과와 청춘 남녀의 사랑, 어른들의 추억에 이르는 다양한 이미지를 창출하면서 관광객에게 꿈과 희망을 던져준다.

② 마케팅 기법의 도입

나비축제는 의식적으로 연출된 축제이자 정교한 마케팅 기법을 끌어들인 축제다. 축제의 상세한 내용을 TV, 신문 등 각종 매체에 즉시 즉시 홍보함과 더불어 외국관광객을 유치하기 위한 해외 방송국(89개사)에 축제에 대한 각종 자료를 제공하였다. 여기에 국내 대도시 터미널, 육교, 고속도로 휴게소 등에 각종 홍보물을 부착하여 장소마케팅을 극대화하였다. 또 나비축제는 정확한 타깃을 설정하고 있다. 즉 어린이들을 대상으로 개최시기와 축제 프로그램을 배열하고 있다.

③ 테마의 간결, 편의성

함평 나비축제는 나비를 테마로 삼고 있어 관광객들에게 간결한 이미지와 홍보효과를 던져준다. 타 지역의 축제가 던져주는 모호성과는 달리 나비축제는 이 축제에 가면 무엇을 볼 수 있는지 단적으로 알수가 있다. 이런 테마의 간결성을 방문자에게 깊은 인상을 심어주게 된다. 나비 날리기 등 나비 관련 프로그램이 30여 가지이다.

④ 규모의 효과

나비축제의 행사장은 1천만 평의 함평천 수변공원과 함평천 좌우의 보리밭이다. 이는 지역의 부존자원을 이용하여 경제적 효과를 극대화하는 좋은 사례이다. 콘크리트 문화에 익숙한 도시의 어린이들에게 1천만 평의 노란 유채 밭과 형형색색의 꽃무더기, 끝도 없이 펼쳐진 푸른 보리밭은 이색적인 경험이자 문화적 충격일 수 있다. 제한된 공간이 주는 답답함 대신 열린 공간이 주는 시원함이 또 다른 매력이다.

⑤ 모든 군민의 적극적 참여와 협조

지역주민이 나비축제에 적극적으로 참여하고 협조한 것이 나비축제의 성공요인 중 하나이다. 지역 농산물을 고부가가치 상품으로 창출할 수 있는 기틀을 주민의 힘으로 만들고자 하는 의지, 축제의 계획과 집행에 이르기까지 주민을 적극 참여시키려 노력한 지방자치단체와 추진위원회, 그 외 의회, 각급기관, 사회단체가 한마음 한뜻으로 자율적으로 참여하고 협조하여 행사를 치르므로 나비축제의 성공뿐만 아니라 군민대화합의 분위기가 조성되었다.

3) 사례 3 : 금산 인삼축제 방문객 및 지출 규모

① 방문객 규모

인삼축제를 관람하기 위해 행사장을 찾은 관람객은 지역주민 11만 3천 명, 외지인 중 내국인 33만 명, 외국인 약 2천여 명으로 총 44만 5천 명이 금산인삼축제를 관람한 것으로 조사되었고, 이는 지역주민이 48%, 내국인이 36%, 외국인이 33% 증가하여 평균 40% 증가한 것으로 나타나 인삼축제의 규모가 점차 확대되고 있음을 보여준다.

② 지출규모

금산인삼축제 방문객에 대한 설문 조사결과를 바탕으로 방문객 1인당 평균지출액은 현지 교통비 2천 원, 식사, 음료비 1만 1천 원, 유흥비 6천 5백 원, 인삼 제품 구입비 2만 5천 원, 기념품과 쇼핑비용 1만 5백 원, 기타 지출액 4천 원으로 1인당 평균 지출액은 약 6만 6천 6백 5십 원으로 추정된다. 행사 방문객들의 순수 금산지역 내 지출 금액은 198억 원(금산지역상권 총 매출액 221억 원에서 출발지에서 현지까지 교통비 23억 원을 공제한 금액)으로 추정되어 금산지역의 경제적 발전에 커다란 기여를 한 것으로 볼 수 있고 이는 1997년의 축제방문객 지출액인 145억 원과 비교해볼 때 약 36.6%가 증가한 금액이다.

■ 지역축제의 문제점

1) 축제의 지역성 결여

우리나라의 지역축제 프로그램의 경우 전야제, 공개행사, 전통문화행사, 현대적 문화예술행사(공연, 백일장 등), 체육행사, 부대행사(특산품판매, 난장개설, 미인선발대회, 노래자랑) 등의 공통인자로 구성되어 있다. 이는 각 지역 축제들이 처해 있는 여건이 서로 다름에도 불구하고 축제프로그램의 구성에 있어서는 획일적인 양상을 보이고 있는 것이다.

구 분	축제 결과
경제적 효과	·금산축제로 인해 308억 9천 4백만 원의 산출파급효과가 발생하여 지역 총 산출액에 대한 기여도가 4.1%로 측정됨 ·소득효과 34억 9천 3백만 원, 고용효과 1,782명으로 지역 전체고용의 10.7%에 해당하는 것으로 추정됨 ·지역주민 및 지역상인들의 느끼는 경제효과에 대한 인지도는 높게 나타나 지역차원에서 축제를 긍정적으로 평가하고 있음
사회 · 문화적 효과	·지역주민은 축제로 인해서 금산지역의 이미지 향상, 자긍심 및 애향심 고취, 여가활동 기여 등 대부분의 설문 항목에 대해서 긍정적으로 인식하는 것으로 나타남 ·'지역문화의 저속한 상품화'의 항목에 대해서는 타 항목에 비해서 상대적으로 낮은 평균값을 보여 축제의 저속한 상품에 대해서 비교적 덜 우려하고 있는 것으로 평가됨 ·외국과의 인삼 관련 교류 증진에 대한 지역주민들의 의지는 높은 것으로 나타나 외국과의 교류에 긍정적인 반응을 보이는 것으로 조사됨

한편 지역축제의 생명은 지역성(차별성)이다. 지역이 갖는 지방적 특수성을 확인하고 이를 바탕으로 개성 있는 축제를 창출하는 것이 지역축제로서의 가치를 확보하기 위한 가장 필수적인 조건이라 할 수 있다. 그러나 우리나라 축제의 대부분에서는 지역적 특성의 부재가 두

드러지게 나타나고 있다. 축제 프로그램은 물론 축제의 주제에서 지역의 고유한 특성을 담지 못하고 있는 실정이다. 뚜렷한 이유와 독자성을 지닌 축제의 주제와 명확한 목적을 가지고 축제를 준비할 때 그 축제는 생명력을 지닐 수 있다.

2) 축제예산의 영세성과 의존성

빈약한 예산으로 지역축제의 발전을 기하기는 몹시 어려운 일이다. 물론 예산이 적다고 해서 반드시 축제의 질적 수준이 떨어진다고 할 수는 없다. 오히려 적은 예산을 가지고 짜임새 있는 축제를 만드는 일이 가능한 것도 축제기획만의 특성이다. 그러나 일반적으로 축제의 내용과 예산은 비례하게 된다. 뿐만 아니라 축제예산이 상급기관의 보조금(국비, 도비)에 대한 의존도가 매우 높고 공공부문에 절대적으로 의존하고 있는 것으로 나타난다. 이처럼 축제예산의 외부 의존도가 높은 한 축제의 자생적인 발전은 불가능하게 된다.

3) 축제 개최시기의 문제

지역축제의 문제점의 하나가 개최시기의 집중화이다. 우리나라 지역축제의 상당수가 봄·가을철에 집중되어 있다. 특히 종합형 지역축제들은 대부분이 이 시기에 밀집되어 있다. 9~10월은 시기적으로 농어민들이 생업에 한창인 때여서 농촌지역 주민들의 자발적인 참여를 유도하기 불리하다. 축제에 참여할 수 있는 학생들도 마찬가지이다. 그리고 전국적으로 각 지역에서 동시다발적으로 행사가 집중, 개최되고 있으므로 개별 축제에 대한 지역 안팎의 관심이 분산될 수밖에 없다.

뿐만 아니라 축제 개최시기의 설정에 있어 지역적, 역사적, 민속적 의미나 특색 그리고 특정한 시기의 상징성을 나타내지 못하고 있다는 점도 들 수 있다.

4) 축제의 관광자원화 미흡

앞으로 자연 관광자원 위주의 관광구조로는 경쟁력을 가질 수 없다. 즉 하드웨어적인 자연관광자원과 소프트웨어적인 문화관광자원이 어우러져 조화를 이루어야 한다. 이러한 관점에서 볼 때 지역의 고유한 개성을 지닌 지역축제의 관광상품화는 매우 시급한 과제이다. 그러나 우리나라의 경우 지역축제를 매력 있는 관광자원으로 개발하고 상품화하려는 노력이 부족하다는 점을 들 수 있다. 그것은 대부분의 지역축제 관계자들이 지역축제의 관광잠재력에 대한 인식자체가 부족하며, 관광축제를 지향하는 축제들도 구체적인 실천노력이 미약한 실정이다. 지역축제의 행사나 프로그램의 기획·입안하는 과정에서부터 관광객을 위한 고려가 거의 없다. 그리고 지역 내의 타 관광자원과 연계된 패키지 관광상품의 개발, 관광객 수용태세의 확립 등과 같이 적극적인 관광마케팅 활동은 구체화되지 않고 있는 실정이다.

5) 지역주민의 참여성 결여

본래 축제는 지역민들이 모두 참여하여 함께 놀고 연희하던 집단적 대동제의에 바탕을 두고 있다. 그럼으로써 지역축제는 지역주민들의 삶과 문화의 질에 기여하는 것이다. 또 그로 인해 지역주민들이 축제를 통해 지역에 대한 일체감을 느끼고 자긍심을 갖게 되며 축제에 자발적으로 참여하게 된다. 그러나 우리나라의 경우 아래로부터의 자생적 축제이기보다는 위에서 주어진 관주도의 인위적 축제가 대부분이다. 이러한 관주도의 축제는 행사위주, 실적위주로 형식화되고 개최시기와 공간이 가을의 운동장 행사로 모아지는 결과를 초래했다. 이러한 인위적 지역축제는 축제의 대동적 본질과도 어긋나고 지역주민의 자발적인 참여를 구조적으로 저해하는 요인이 된다. 주민이 자발적으로 참여하는 민간주도의 축제운영이 정착되어야 지역축제가 지역 내부의 응집력과 추진력을 유도하고 이를 통해 지역활성화를 이룰 수 있는 것이다.

■ 지역축제의 활성화 방안

1) 지역관광업계와의 효과적인 연계

지역축제의 잠재성을 개발하는데 관광기관과 관광업계는 축제조직자의 훌륭한 파트너가 될 수 있다. 구체적으로 축제조직자의 업무를 직·간접적으로 도와줄 수 있으며, 향토축제의 관광매력을 더욱 촉진시키고 증진시킬 수 있다. 그리고 국내방문객은 물론 외래 관광객 시장을 파악하고 유인하기 위한 시장조사와 마케팅 전략을 체계적으로 수행해나갈 수 있다는 장점을 지니고 있다. 실례로 축제관광객이 호텔, 기념품점, 식당 등에서 쓴 관광지출과 축제개최장소 내에서 쓴 지출을 비교하면, 관광지출이 축제장소 내의 지출보다는 훨씬 높은 경제효과를 창출한다. 예를 들면 베니스 카니발이 시작되면 2월의 관광비수기로 고전하던 호텔업계가 일제히 호텔요금을 올림에도 불구하고 100%의 객실점유율을 유지하게 된다. 전체 호텔 투숙객의 80%가 카니발을 보러 멀리 오스트리아, 독일, 미국, 일본 등지에서 온 국제 관광객들이다. 이들로 말미암아 베니스 지역의 식당들이 카니발 기간 동안 약 40% 고객증가 효과를 누리게 된다. 그러므로 지역축제를 기획함에 있어 축제 프로그램 자체에만 치우치지 않는 지역의 관광자원 또는 음식점 및 숙박업체 등과의 효율적인 연계가 매우 중요한 것이다.

2) 개선된 홍보전략 수립

지역축제를 진행함에 있어 가장 심혈을 기울이면서도 한편으론 가장 미흡한 분야 중에 하나가 홍보 전략이다. 특히 지방축제의 경우 많은 경우가 프로그램 확정이나 이벤트 진행순서가 뒤늦게 결정되어 축제 시작에 임박해 본격적인 홍보전략에 돌입하여 시간적으로 여유가 없다. 또한 홍보계획에서 중요한 것은 언론매체를 잘 이용하기 위한 대책과 전문가가 필요한데 이러한 노력과 노하우가 아직까지 미흡한 실정이다. 구체적으로 언론매체의 후원을 얻어내는 작업, 화제를 만들 수 있는 보도자료 작성 및 시기적절한 발표 타이밍을 정하는 작업 등에 세심한 노력이 필요하다. 그리고 축제안내서와 포스터도 보다 면밀하게 제작되어야 한다. 특히 국내의 축제안내서의 경우 지역을 처음 방문하는 방문객들을 염두에 두어 제작되어야 할 것이다. 함평 나비축제가 성공을 거둘 수 있었던 가장 큰 요인으로 홍보·광고전략의 성공이라고 평가된다. 함평군수가 방송사 PD 출신이다 보니 어떻게 해야 보도거리·방송거리가 되는지 맥을 바로 짚은 것이다.

3) 지역적 주제 설정

지역의 축제는 중심주제가 뚜렷해야 한다. 즉 방문객들에게 무엇을 호소할 것인가를 전제하고 축제의 모든 것이 이루어져야 한다. 지역의 문화와 지역주민들의 열망을 반영한, 지역 정체성을 갖고 있는 향토적인 것이 되어야 할 것이다. 지방화시대 개막과 함께 지역특성을 살릴 수 있는 축제가 요구되고 있다. 그런데 지역적 주제를 축제에 잘 반영시켜 홍보에도 큰 효과를 나타내기 위해서는 여러 가지 측면에서 고려해야 할 것이다. 우선 이벤트 자체의 명칭에서 반영되는 것이 가장 중요하다. 그리고 로고와 마스코트를 통해서, 이벤트 장소와 디자인을 통해서, 이벤트 활동과 이벤트의 매력물을 통해서, 음식과 음료를 통해서, 판매하는 기념품, 일관적인 광고형식과 스타일, 방문객들에게 이벤트의 특정혜택을 강조함으로써 축제의 주제반영에 효율을 높일 수 있다.

4) 독창적인 이벤트 개발

축제 방문객들에게 매력적인 이벤트를 제공하는 데 가장 큰 장애요인이 프로그램의 보편성이다. 매년 축제 프로그램 구성 및 내용에 전혀 변화가 없이 똑같은 내용을 반복한다는 것은 축제 방문객들의 만족도를 낮추는 요인이다. 특히 우리나라의 경우 종래 축제에 대한 개념을 바르게 인식하지 못하여 전국 어디서나 거의 유사한 종목들을 서로 모방해 행사를 급조했다. 그것은 결국 축제이름은 다르나 각 지역문화제의 프로그램 내용들이 미녀아가씨 선발대회, 농악, 노래자랑, 체육대회 등 공통인자들을 포함한 대동소이한 프로그램 구성으로 귀결되었다. 이벤트 프로그램 구성은 해당 지역의 문화적 배경 및 지역적 특성을 깊이 고려한 것이어야 한다. 다시 말해서 지역의 전통문화와 현대의 지역문화가 잘 반영된 독창적인 프로그램이 각광을 받을 수 있고 지역 활성화에도 도움이 된다. 프로그램의 보편성 문제는 축제 방문객의 기호변화를 간파하지 못하는 데에도 생길 수 있다. 시간이 지남에 따라 축제방문객들의 기호는 행사장에서 앉아 단순히 예술공연을 구경만 하는 수동적인 형태를 벗어나 이제는 좀 더 역동성이 느껴지는 프로그램을 원하고 있다. 따라서 축제의 형태도 직접 체험할 수 있는 적극적 참여형태로 변하고 있다. 이천 도자기축제의 경우 방문객들이 직접 체험하고 참여할 수 있는 코너를 만들어 도자기를 단지 구경만 하는 관전 위주의 소극적 축제분위기를 전환시키고 있는 사례이다.

5) 개최시기의 조절

대부분 우리나라의 지방축제들은 봄·가을에 집중되어 있다. 다시 말해 관광성수기에 집중되어 있는 것이다. 그러나 외국에서는 오히려 지역관광비수기에 대한 적극적인 해결책으로 침체기인 겨울에 축제를 개최하여 성공시킨 사례들이 나타나고 있다. 이러한 성공 사례로는 캐나다 퀘백의 '겨울 축제'를 들 수 있다.

따라서 기존에 행해지던 전체 축제들을 대상으로 개최시기를 전면적으로 재검토할 필요가 있다. 필요한 경우 지역사회의 합의 절차를 거쳐 새로운 축제개최시기를 설정하는 것이 바람직하다. 축제 개최시기는 우선 중복되거나 경합하는 것을 피해야 하고 지역의 관광자원과 연계시키는 방안이 모색되어야 한다. 그리고 축제의 전통적·민속적 의미를 부각시키는 방향으로 개최시기를 조정해야 한다. 한편 역사성을 고려할 필요가 없는 경우는 방문객들이 참가하기 쉽고 인원동원이 쉬운 시기를 선택해야 한다.

6) 지역주민들의 자발적 참여유도

외국의 경우 성공적인 이벤트의 원동력을 살펴보면 이벤트 프로그램 외에도 자발적 참여가 중요하다는 것을 알 수 있다. 우리나라 축제 및 문화이벤트를 통한 지역활성화가 제대로 이루어지지 못하는 것도 지역주민들의 자발적인 참여가 부족하거나 관주도적 행사로 인원동원 관점에서 마지못해 참여하기 때문이다. 그것은 이벤트에서 '지역주민 참여'의 중요성이 무시되고 있거나, 지역주민 측면에서는 참여의 즐거움과 이벤트 상품을 통해 얻는 관광수익이나 지역경제 활성화 효과를 이해하지 못하기 때문이다. 외국의 경우 자발적 참여자의 순수한 봉사 동기도 있겠지만 무엇인가 유·무형적으로 장·단기적인 혜택이 있기 때문에 참여하는 것이다. 그러므로 지역 주민들을 대상으로 이벤트의 중요성 및 효과를 교육, 설득시키는 프로그램을 실행함으로써 자발적인 참여를 유도하게끔 해야 할 것이다.

자발적인 참여는 지역주민들에게만 한정되지 않는다. 어느 지역사회나 대도시로 떠난 그 지역민들의 향우회 등이 있다. 이들의 애향심과 공동체 의식이 강화될 수 있는 전략이 바로 축제 이벤트의 자발적 참여이다. 향토 축제에 대한 향우회의 적극적인 참여는 지역주민의 축제 참여를 크게 고무할 것이고 축제 분위기의 형성에도 크게 기여할 것이다. 또한 지역주민들의 자발적 참여를 유도할 수 있는 이벤트 프로그램 구성도 중요하다.

그러나 주민참여로 시작된 많은 축제들이 규모가 커지면서 관주도적 운영, 정교한 이벤트를 위한 특정기관의 참여로 점차 지역주민들이 축제로부터 멀어지게 된 경우도 있음을 기억해야 한다.

7) 민간주도의 조직구조로 개편

우리나라의 경우 지역축제의 대부분이 관주도적으로 이루어지고 있다. 그러나 최근 지역축제와 각종 지역이벤트의 중요성이 대두됨과 동시에 전문기술과 운영능력을 요하는 일이 되었다. 시민참여를 유도하기 위한 프로그램의 운영, 재원조달을 효과적으로 해내야 하는 경영마인드의 발휘, 복합적 산업연관효과를 극대화하기 위한 이벤트요소에 대한 분석의 필요 등 과거와 같은 관주도의 추진체계로는 역부족인 상황이다. 따라서 상시 이벤트를 준비하는 민간주도의 상설기구가 필요하다. 이러한 민간주도의 기구를 토대로 자연스럽게 축제에 대한 시민참여를 보장하게 되며 애착심을 고양시킬 수 있다.

8) 중앙정부의 지원

지방축제는 중앙정부의 지원이 중요하다. 특히 관광 및 지역경제활성화의 잠재성이 있는 축제나 이벤트를 재정적인 면이나 홍보 및 기술적인 면에서 보완해준다면 축제효과가 배가 될 수 있을 것이다. 우리나라의 경우 문화관광부가 향토축제를 지원하는 몇 가지 사업 중에서 특히 성공적인 사례로 꼽히는 '문화관광축제사업' 등이 확대되어야 할 것이다. 이 밖에도 지역축제와 관련된 통계와 자료의 업데이트 관리가 시급히 요구되고 있는 실정이다.

5. 지방자치의 논리

■ 중앙권한 지방이양의 추세

• 지난 수십 년간 중앙집권국가이건 연방제 국가이건, 선진국이건 개발도상국이건 간에 중앙권한의 지방이양(devolution)은 하나의 명백한 추세였고, 조세권의 이양도 그 정도는 약하지만 하나의 추세였다.

• 지방이양으로의 전환은 대부분 보다 민주적이고 참여적인 정부를 지향하기 위한 것이었고, 유권자들에 대한 정치지도자들의 대응성과 책임성을 제고시키기 위한 것이었다. 또한 공공서비스의 수요자의 선호와 공공서비스의 구성, 양, 질 등을 일치시키기 위한 것이기도 하였다.

• 제3세계 국가의 경우, 식민통치로부터 해방된 이후 거의 모두 식민통치를 했던 제국주의국가들로부터 받은 유산인 중앙집권체제를 철저하게 유지하였다. 농업이나 자연자원이 경제의 기반을 구성하고 있었던 신생국가들은 또한 국가를 재건하기 위하여 댐과 관개사업, 도로 및 항만건설과 같은 국가적인 대형 사업들을 수행해야 했기 때문에 중앙정부가 수립한 계획에 따라 지역개발이 이루어져야 했다. 그러나 1970년대에 들어서서 이러한 중앙집권체제는 낮은 대응성, 비능률, 부패로 인하여 비판을 받기 시작했다. 특히 제3세계 국가들에서 도시화의 급격한 진전은 중앙권한의 지방이양에 대한 필요성을 더욱 고조시켰다. 이러한 도시의 성장은 농촌지역과는 달리 사회간접자본에 대한 투자를 필요로 하게 되었다. 그런데 학교나 도로, 상하수도시설 등의

입지가 지역주민의 요구와는 동떨어졌으며, 중앙정부에 의한 획일적인 기준이나 우선순위가 모든 도시들에게 모두 적합한 것은 아니었다. 1970년대 말에 가서는 대부분의 중앙집중식 사회간접자본 건설은 지방으로부터 불평을 받게 되었다. 이러한 문제에 대한 해결책으로 등장한 것은 지방의 사회간접자본 서비스에 대한 제공의 의무와 도시개발의 관리를 지방정부로 이양하는 것이었다.

■ 중앙권한 지방이양의 긍정적 효과

- 지방이양의 주된 논리
  - 지방정부가 주민들에게 보다 가까이 있어서 주민들의 실제 필요와 기회를 잘 알고 있기 때문에 주민들에게 보다 적합한 서비스를 제공해줄 수 있다는 것이다.
  - 주민들은 그들이 받는 서비스에 대한 대가로써 세금을 지불하기 때문에 지방정부의 공무원들은 보다 효율적으로 일하도록 강하게 동기 부여될 수밖에 없으며, 세금과 서비스가 바로 연결되므로 주민들은 자신들의 선호가 자신들이 받는 행정서비스에 반영된다고 느끼게 되기 때문에 따라서 지방공무원들은 그들이 필요로 하는 자원을 동원하는데도 보다 수월할 것이라는 것이다.
  - 즉 지방이양을 통해 보다 민주적이고 참여적인 정부를 지향할 수 있고, 공공서비스와 주민의 서비스를 일치시킴으로써 지방정부의 정치지도자가 유권자에 대해서 대응성과 책임성을 확보해 나갈 수 있다는 것이다.

■ 중앙권한 지방이양의 부정적 효과

- 배분의 공평성 측면
  - 먼저 배분의 공평성이라는 측면에서 지방분권은 비용을 초래할 수도 있다. 특히 경제적 편차가 극심한 국가에서는 지방분권이 바람직하지 않은 인구이동을 초래할 수도 있다.
  - 이 경우, 중앙정부는 기능수행의 정책기준을 설정하고, 이러한 기준을 지방정부들이 따를 수 있을 만큼 재원을 확보하도록 재원을 지방정부로 이전하여, 지방에서의 공공서비스의 수준과 질을 통제함으로써 지방분권의 부작용을 최소화하여야 한다.
  - 만일 지방이양이 기초교육이나 기본적인 보건위생의 최소한의 수준도 맞춰주지 못하게 된다면 국가 전체 경제의 장기적인 성장과 생산성에도 악영향을 미치게 될 것이다.

- 거시경제적 안정성 측면
  - 거시경제적으로도 지방정부의 재정지출을 어떻게 하느냐 하는 것이 국가 전체의 수요·공급에 영향을 미칠 수 있으며, 궁극적으로 중앙정부 차원에서의 거시경제운용 목표에 차질을 빚을 수도 있다.
  - 지방정부의 전체적인 재정지출이 지방정부에 대한 징세권과 기채권의 제약에 따라 한계가 있다 할지라도 재정지출 내용의 변화만으로도 국가전체의 안정적인 거시경제운용 목표를 저해하는 방향으로 수요·공급에 영향을 미칠 수 있다.
  - 따라서 심각한 재정적 또는 거시경제적 불균형이 있는 국가에서는 지방이양이 완만하게 진행되어야 한다. 이러한 국가에서는 지방정부가 세출과 중앙정부로부터의 이전재원을 포함한 세입

간에 균형을 이룰 수 있도록 그리고 채무부담행위를 적절히 통
제할 수 있도록 정부 간의 재정관계를 설계함으로써 중앙정부
가 지방정부에 대해 엄격한 예산통제를 가하는 것이 중요하다.
- 또한 중앙정부는 본질적으로 지방정부의 기능이라고 간주되는 기
능들에 대해서는 여전히 합법적인 이해관계를 갖게 될 것이다. 예
컨대 지방의 사회간접자본 시설들이 너무 낡아서 국가 경제 전체
의 경쟁력을 저하시킨다면 이는 중앙정부의 문제가 될 수도 있다.

• 지방정부의 저생산성
  - 지방이양에 있어서 커다란 문제점으로 지적되고 있는 것은 지방정
부의 저생산성이다. 지방정부는 일반적으로 인력이 과다하고, 전문
성이 부족하며, 운영시스템이 비효율적이고 투명하지 못하다는 비
판도 받고 있다. 일부 지방정부는 규모가 너무 작아서 독자적인 기
능수행이 곤란하기도 하다. 따라서 지방이양이 본래 의도한 효과
가 있으려면 지방정부의 실질적인 개혁도 동시에 이루어져야 한다.

■ 지방자치와 집권화의 조화

• 지방자치는 기본적으로 국가의 기능과 권한을 상이한 정부수준에
배분하는 기능과 권한의 분업체계를 말한다. 따라서 특정권한을 분배
함에 있어서 고려해야 할 사항은 그 권한을 어떤 정부수준이 가장 잘
수행할 수 있느냐 하는 것이다. 지방자율이 중앙집권의 폐해를 극복하
기 위해 필요한 것이라면 지방자율이 폐해가 있을 경우 그러한 영역
에 있어서는 마찬가지로 중앙집권이 필요한 것이다.

- 집권과 자치 간의 관계
  - 집권은 과연 자치에 역행하는 것인가? 집권과 자치의 관계는 상호 배타적이어서 조화될 수 없는 성질인가?
  - 무라마쯔는 양자가 상호 조화적이어서 집권화가 되더라도 자치의 능력이 약화되는 것이 아니라 오히려 향상될 수 있다고 한다. 주민에게 제공되는 행정서비스를 향상시키기 위해 중앙에 과도하게 의존한 결과 지방의 자율성을 포기하는 것도 진정한 자치가 아니요, 반대로 지방의 자율성과 독립성을 과도하게 추구한 나머지 주민이 요구하는 행정서비스를 충족시키지 못하는 것도 껍데기만의 자치이다. 따라서 집권화는 지방의 자율성을 제약하지만, 보조금이나 기술적 지원을 통해 지방에 제공되는 행정수준을 향상시킬 수 있으므로 자치와 양립할 수 있다는 것이다.

- 이러한 견해는 양면성을 가지고 있다. 즉 중앙정부가 사용한 집권의 도구가 무엇이냐에 따라 타당할 수도 있고 아닐 수도 있다. 중앙이 지방에 개입하기 위한 수단이 보조금이나 보조금과 연결된 위임사무일 경우에는 집권화와 자치의 개념은 상호 양립할 수 있다. 중앙의 보조금과 그에 부가된 조건은 지방의 자율성을 제약하지만, 빈약한 지방재원을 보충하여 줌으로써 행정서비스의 수준을 향상시키기 때문이다. 그러나 중앙이 지방에서 자신의 목적을 달성하기 위해 사용하는 수단이 재정지원 없이 부가되는 규제나 위임사무일 경우, 그러한 방식의 집권화는 지방의 자율성과 행정서비스의 수준을 공히 제약할 수 있어 자치의 개념과 양립되지 않을 것이다.

- 문제는 지방의 자율성과 행정수준의 향상이라는 두 가지 목적을 최적으로 배합해줄 집권의 수준을 찾아내는 것이다. 또한 행정서비스

의 향상에 대해서도 단순한 향상이 아닌 사회적으로 바람직한 곳에서의 향상이 되도록 배려해야 한다.

■ 지방이양의 긍정적 효과를 담보하기 위한 조건

① 모든 정부 계층 간에 기능과 권한의 배분을 명확히 하라. 또한 지방정부에게 부과된 기능에 대해서는 좀 더 많은 행정적, 재정적 재량권을 부여하라.

② 조세체계를 개혁하라. 지방정부의 세원은 빈약하고 중앙정부에 의해 과도하게 통제되고 있다. 일반적으로 지방정부는 할당된 권한과 기능을 수행하는 데 재정적 재량권을 보다 더 많이 확보할 필요가 있다.

③ 중앙의 통제와 지방의 자율 간의 균형을 확보하라. 국가 전체의 규제 체계를 통한 어느 정도의 국가적인 책임성의 확보는 필요하다. 그러나 지방정부로 하여금 유권자에게 좀 더 책임성을 갖도록 해주는 장치 역시 매우 중요하다.[2]

진정한 지방자치는 상생의 원리가 적용되는 것이어야 한다. 더불어 잘 살수 있는 정책으로서 민생정책이어야 할 것이다.

---

[2] 중앙대 홍준현 교수 홈페이지 강의자료.

제2장
자치발전 이론 및 사례

1. 지방재정 확충의 시급함

Ⅰ. 서 론

1995년 지방자치단체장의 선출로 우리나라는 본격적인 지방자치시대를 맞이하였다.

오랜 중앙집권의 전통하에서 지방자치단체장을 주민의 손에 의해 직접 선출하였다는 사실은 지방자치를 위한 획기적인 발전을 의미한다. 하지만 지방자치단체장의 선출이 실질적인 지방자치를 보장해주는 것은 아니다. 왜냐하면 실질적인 지방자치를 위해서는 지방자치단체장의 선출뿐 아니라 여러 제도적인 장치가 보완되어야 하기 때문이다.

지방자치의 중요한 의의는 지방정부가 지역의 실정에 맞도록 행정서비스를 스스로 제공함으로써 자원배분의 효율성을 증대시키고 의사결정의 민주성을 증대시키는 것이다. 하지만 지방정부가 지방공공재의 공급에 필요한 재원을 충분히 확보하지 못한다면 주민들의 요구에 적절히 대응하지 못하게 되고, 결국 중앙정부의 재정에 의존하게 됨으로써 지방자치의 본질은 크게 손상될 수밖에 없다. 따라서 충분한 지방재정의 확보는 성공적인 지방자치의 실시를 위해서 매우 중요한 과제이다. 그럼에도 불구하고 지방자치단체장의 선출 이후 지방재정의 확충을 위한 노력이 매우 미흡한 실정이다.

또한 지금까지 우리나라는 고도의 경제성장을 달성하기 위해서 효율성에 지나치게 치중하였으며, 그 결과 '정부주도형'의 경제체제로 일관하였다. 이로 인하여 국가재정과 지방재정 사이에는 심한 불균등이 생기게 되었으며, 지방자치단체의 재정자립도는 매우 낮은 수준에 머

무르고 있는 실정이다. 또한 지방자치제의 결과로 중앙정부에서 지방
자치단체로 기능 및 사무가 해마다 이양되고 있는 데 반해서 IMF 충
격과 지역경제의 침체로 지방세수입은 감소하고, 지방채원리금은 증가
하였다.

II. 지방재정의 현황

구 분 classification		단 위	'98	'99	2000	2001	2002
지방세 local tax	금액 amount	억원 in 100 million won	171,497	185,862	206,006	266,649	315,257
	신장률 rate	%	△6.8	8.4	10.8	29.4	18.2
내국세 national tax	금액 amount	억원 in 100 million won	512,378	563,931	711,061	701,773	822,277
	신장률 rate	%	△1.8	10.1	26.1	△1.3	11.1

우리나라의 지방재정은 선진국에 비하여 매우 취약하다. 지난 자료
지만 2002년 자료를 참조하고 국세와 지방세의 규모를 살펴보면 그
격차의 심각성을 확인할 수 있다.

단위: 억 원(in Million Won)

구 분 classification	1997	1998	1999	2000	2001	2002
국세총액 Total	699,277	677,877	756,580	929,347	957,928	1,039,678
내국세 national tax	521,532	512,378	563,931	711,061	740,273	822,277

2002년 국세총액은 103조 9,678억 원임에 비해 지방세총액은 31조 5,275억 원에 지나지 않아 그 비율은 76:23으로 나타나고 있다.

우리나라의 지방세는 취득세, 등록세, 담배소비세 등을 포함한 총 17개의 세목으로 구성되어 있지만 규모는 국세와 비교해볼 때 매우 열악했다.

구 분 classification	'98	'99	2000	2001	2002
조세부담률 the rate of tax burden	19.1	19.5	22.0	22.5	22.7
국 세 the rate of national tax	15.3	15.6	18.0	17.6	17.4
지방세 the rate of local tax	3.8	3.9	4.0	4.9	5.3

※ GDP 기준

또한 2002년 예산을 기준으로 보면 조세부담률 중 지방세의 비중은 5.3%에 지나지 않았다. 이렇듯 우리나라는 세원이 중앙정부에 지나치게 치우쳐있기 때문에 많은 지방정부들은 자주재원만으로는 지역주민들의 요구와 필요를 충족시키는 데 어려움을 겪게 되고 중앙정부의 재원에 의존적일 수밖에 없다. 현실적으로 우리나라의 지방정부들은 기본적 공공서비스의 공급수준도 충족시키지 못하는 경우가 많다.

재정자립도 최고 · 최저(과거자료인 2003년 기준)

(단위: %)

구 분	특별시	광역시	시 · 도	시	군	자치구
평 균	95.1	70.2	39.4	38.0	16.3	42.3
최 고 (단체 명)	95.1 서울본청	74.4 대구본청	75.8 경기도본청	64.1 경기안양시	50.6 울산울주군	91.9 서울중구
최 저 (단체 명)	–	58.1 광주본청	14.0 전남본청	12.5 전북정읍시	6.7 전남신안군	20.4 광주남구

전국평균 재정자립도: 56.3%

지방재정자립도 분포현황(2003년 기준)

▷ 분포 현황

(단위: 단체 수)

구 분	합 계	구성비(%)	시 · 도	시	군	자치구
합 계	248	100	16	76	87	69
10% 미만	7	3	0	0	7	0
10-30% 미만	121	49	6	30	75	10
30-50% 미만	87	35	2	31	4	50
50-70% 미만	23	9	3	15	1	4
70-90% 미만	8	3	4	0	0	4
90% 이상	2	1	1	0	0	1

총 248개의 지방자치단체 중 재정자립도가 50% 미만인 단체는 전체의 87%인 215개에 달한다. 특히 군의 평균 재정자립도는 16.3%로 나타나 지방재정의 어려움을 여실히 보여주고 있다. 현재 우리나라의 지방재정의 확충은 매우 시급한 과제이다. 특히 지방화, 세계화시대를 맞이하여 지방정부의 역할이 가중되고 있는 현실에 비추어 볼 때 지방재정의 확충은 국가 전체적인 발전을 위해 필수적이다.

특히 지방화, 세계화시대를 맞이하여 지방정부의 역할이 가중되고 있

는 현실에 비추어 볼 때 지방재정의 확충은 국가 전체적인 발전을 위해
필수적이다.

세계는 국가 간의 경쟁에서 지방정부 간의 경쟁체계로 변화하고 있
다. 이러한 추세 속에서 비단 우리나라뿐 아니라 선진국, 개발도상국
가 들에서도 지방정부의 역할은 점점 더 증대되고 있는 실정이다. 따
라서 지방정부는 단순히 중앙정부의 사무를 대신해주는 역할에서 벗
어나 주민복지, 도시개발, 지역경제, 문화, 교통, 관광, 주택 등의 각 분
야에서 능동적으로 기능을 수행해야만 한다. 또한 중앙의 사무는 계속
지방정부에 이양되고 있고 이러한 추세는 앞으로도 계속될 것이다. 따
라서 지방정부가 자신들의 역할을 충실히 수행하기 위해서는 이에 상
응하는 지방재정의 확충이 필수적이라 하겠다.

Ⅲ. 한국 지방재정의 특성 및 문제점

1) 지방재정의 구조적 특성

(1) 지방재정의 특수성

① 단체 간 재정의 독립성

중앙재정은 일반회계규모가 단일주체에 의하여 운용되고 있는 반면,
지방재정은 200여 개의 독립된 자치단체에 의해 운용되고 있다. 따라
서 지방재정에 관한 제도나 운영을 논하는 경우, 총체적인 진단이나
개개 단체의 현상 검토로는 그 진상을 파악할 수 없다. 또한 지방재정
운용 주체들 간에는 독립성이 강하여 상호 간의 수지 융통이 되지 않

는다. 즉 평균적으로 양호하게 보이더라도 단체들 간에는 심한 편차가 있을 수 있다.

② 투자선호의 다양성

지방재정활동은 지역주민의 복지증진에 그 목적이 있으므로 각 자치단체별로 투자선호가 다양할 수밖에 없다. 지방자치단체마다 지형, 기후 등의 자연적 조건은 물론 산업구조, 소득의 대소(大小), 사회적인 측면에 이르기까지 많은 차이가 있어 지방자치단체가 수행하는 행정내용에 많은 차이가 있게 마련이다. 따라서 재원의 합리적 배분을 위해서는 중앙정부의 획일적인 투자방향보다는 각급 자치단체의 중점투자사업과 투자우선순위에 따라야 한다.

③ 국가재정과의 높은 연계성

교통, 통신, 물자의 유통이 활발한 현대 사회에 있어서 국가 재정과 지방재정과는 서로 불가분의 관계를 유지하면서 국민의 사회적, 경제적 발전을 도모하기 위한 역할을 담당해나가야 한다. 다시 말해, 현대 정부의 조직이 지방분권의 색채가 강하면 중앙정부와 지방정부 사이의 의사, 정보, 재화, 서비스 등의 유통속도와 질에 있어서 상호연계체계가 중요성을 갖게 된다. 따라서 복지국가의 이념을 바탕으로 할 때 국가재정과 지방재정은 종속관계나 대립관계가 아닌 상호보완적 관계가 유지되어야 한다.

지방재정단체는 1차적으로 지방재정부문에서 문제를 해결해주어 주민여론을 정화하며, 지방재정에서 해결이 어려운 문제는 중앙정부에 전달하여 국가재정부문에서 해결책을 강구토록 하는 교량 역할을 하여야 한다. 그리고 국가재정은 지역적 균형발전을 도모하기 위해 재원배분의 조정기능을 담당하여야 한다.

지방재정은 그 재정활동이 전반에 걸쳐 스스로 통제할 수 있는 힘이 있는 반면에 중앙정부에 의해서 타율적으로 움직이는 면도 가지고 있다. 그 예로서 공채를 발행하거나 국고자금을 민간투자로 돌릴 수 있는 자율적인 면과 지방세에 대한 통제, 보조금의 교부, 지방채 발행의 승인과 같은 타율적인 면을 동시에 가지고 있다.

(2) 빈약한 지방재정구조

① 지방재원의 절대부족과 지역적 편차

우리나라는 세원배분에 있어서 극히 국세에 편중되어 있다. 그리고 지방세원의 지역적 분포상황을 보면 대부분이 대도시에 편중되어 있어 지방자치단체 간의 재정편차를 심화시키는 요인이 되고 있다. 또한 지방자치단체조직을 유지하는 데 드는 최소한의 비용인 경상적 비용이 자치단체 자력으로 충당하기 힘든 것도 현재 우리나라 지방자치단체의 자치정권에 대한 책임이 어느 정도인가를 보여준다.

② 빈약한지방재정력

첫째, 지방세 신장률 둔화

현행 지방세제하에서 지방세는 외형상의 세수규모 면에서는 상당한 신장을 보이고 있다. 그러나 지방세가 재산과세중심으로 되어 있어 경기변동에 민감한 직접세적인 성격이 강하다. 예를 들어 정액세(면허세, 등록세 등)는 물가 상승에 따라 적기에 조정하지 못하므로 실질적으로 세수의 감소결과를 초래하고 있다.

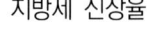

지방세 신장율

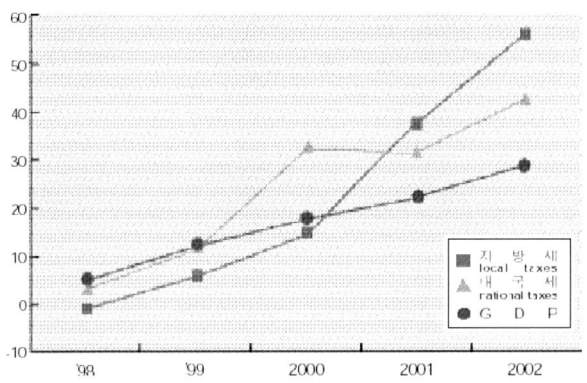

둘째, 지방재정자립도의 지역 간 불균등

지방재정자립도란 한 회계년도의 지방자치단체의 일반회계예산 중 자체수입이 차지하는 비중을 나타내는 것이다. 지방재정자립도를 자치단체별로 비교해 보면, 전국 평균이 56.3%이며, 서울특별시가 95.1%이고 동급 단체인 전라남도는 14%이다. 그 차이가 무려 81.1%나 된다. 이러한 지방재정자립도의 다양성은 지방재정의 문제점이며, 자주재원의 확보가 지방재정이 당면한 최대의 과제라고 하겠다.

③ 국고보조금제도의 불합리

국고보조금은 자주재원기반이 취약한 자치단체에 있어서는 상당한 비중을 차지하고 있다. 그러나 국가는 용도에 있어서 엄격한 조건을 붙여 집행토록 하고 최종 집행결과를 보고하게 하는 등 통제를 가함으로써 지방재정의 운영에 경직화를 가져오고 있다.

첫째, 지방비 부담의 과중

국고보조금 운영에 있어 가장 큰 문제점으로 제기되고 있는 것은 국고보조에 따른 지방비 부담의 과중이며, 지방재정의 경직화를 가져오는 요인이 되고 있다.

그 요인을 찾아보면, 첫째로 우리나라의 지방재정 구조에 있어서 자주재원인 지방세나 세외수입이 너무 빈약하고 국고 보조율이 일반재원의 증가율을 상회하여 지방재정의 압박이 가중되고 있다. 둘째로 국고 보조율이 너무나 낮게 책정이 되어 있다. 셋째로 국가사무의 지방전가 현상을 들 수 있다. 사업의 성격이 국고부담의 사업이지만 소요경비 일부를 지방자치단체에 부담하여 수행케 하는 것을 말한다. 넷째로 지방비부담의 과다요인으로 초과부담을 들 수 있다. 보조금 금액이 국고부담 비율을 하회하거나 또는 실제 필요한 기준을 기초로 하지 않기 때문에 지방자치단체가 그 부족분을 자기의 부담으로 해서 초과부담하는 것을 말한다.

둘째, 보조금의 영세화 등으로 인한 비능률

보조금의 비효율을 가져오는 요인으로 가장 큰 문제는 보조금의 영세화이다. 중앙부처의 사업 확대의욕에 비해 확보할 수 있는 예산이 용이하지 않아 사업보조에 따른 성과 달성이 어렵고 투자효율을 떨어뜨리며, 재정운영의 탄력성을 저해하고 있는 예가 되고 있다.

셋째, 지방행정에 대한 간여

국가가 지방자치단체에 보조금을 교부하는 것은 전국적인 행정서비스 수준의 통일성 유지에 목적을 두는 것이다. 그러나 실제로 보조사업에 대한 지원에 있어서 경비항목을 획일적으로 또 세밀하게 결정하여 그 외에 것을 인정하지 않는 경향이 강하다. 그래서 집행되어야 할 사항이 집행되지 못하고 필요하지도 않은 사업이 간접적으로 강제되는 경우도 있다.

넷째, 국가, 지방자치단체 경비구분한계 모호

현행 헌법과 지방자치법에 의하면 지방사무 구분기준에 있어 국가 사무와 지방사무의 한계가 모호하다. 이로 인해 보조액을 예측할 수 없으므로 국고의존도가 높은 지방자치단체에서는 계획적인 재정운용이 어렵다.

2) 현행 한국 지방재정의 문제점

(1) 지방세입의 문제점

지방세입의 재원은 주로 의존수입이며, 이로 인해 지방재정의 자율성이 크게 저해되고 있다. 그리고 하급단체로 갈수록 이 현상은 더욱 심하며, 의존수입의 공급 또한 안정적이지 못하다. 또한 자주재원인 지방세입은 경기 변동과 지방세제개혁에 따라 변동이 심하다. 이는 경기 비탄력적인 세목으로 지방세가 구성이 되어 있기 때문이다.

(2) 지방교부세 제도의 문제점

2006년도를 살펴보면 예산액의 16%가량을 지방교부세가 차지하고 있다. 그러나 현실적으로는 지방자치단체 간에 세원이 편재되어 있어 이보다 많은 예산액의 40~50%가량을 지방교부세가 차지하고 있는 단체들도 상당할 것으로 판단된다.

지방교부세 요구액을 산정하는 데 있어서 기준이 되는 기준재정수입액은 보통세만을 산출기초로 하고 목적세는 물론 기타 세외수입, 국고보조금 등을 감안하고 있지 않다. 따라서 지방교부세는 지방자치의 보장재원이라는 본래의 성격을 잃고 중앙통제의 재원의 성격을 더 많이 띠고 있다. 이와 같은 교부세의 보조금화 경향은 지방재정의 큰 문제점의 하나이다.

(3) 국고보조금제도의 문제점

현재 우리나라의 국고보조금제도는 정부 입장에서 정책을 실현시키는 수단이며, 재원이 부족한 지방자치단체의 입장에서는 부족재원을 보전하는 중요한 수단이다.

하지만 국고보조사업의 한계가 불분명하여, 국고보조사업에 대한 지방비부담 기준이 결여되며, 국고보조, 지방비부담의 통제조정 기능이 미흡하게 된다. 또한 탄력성 있는 보조금 관리규정이 성립할 수도 없어 지나치게 획일적으로 된다. 그리고 국고보조금은 용도와 조건을 중앙에서 한정하여 재배정하기 때문에 지방자치단체의 실정에 알맞게 집행될 수 없다. 따라서 보조금 획득을 위한 경쟁과 부정이 개입하기 쉽다. 더욱이 이를 제지할 국고보조금 부정사용에 대한 법적 규정이 없다.

IV. 지방재정확충의 원칙

1) 생산성

첫째, 지방세의 원칙으로 생산성을 들 수 있다. 생산성의 원칙이란 세금은 충분하고 안정적인 세입이어야 한다는 것을 의미한다. 즉 적정

한 세율로 충분한 자금을 확보해야 한다는 충분성의 원칙과 경기변동
에 따라 세수의 기복이 크지 않아야 한다는 안정성의 원칙을 포함하
는 개념이라 할 수 있다.

우선 지방세는 안정적이어야 한다. 지방정부가 공급하는 지방공공재
들은 주민의 생활과 밀접하게 연관되어 있기 때문에 이러한 공공재의
공급이 안정적으로 이루어지기 위해서는 세입 역시 안정적이어야만
한다. 하지만 세입이 안정적이라고 해서 지방공공재의 공급이 아무 어
려움 없이 이루어지는 것은 아니다. 아무리 안정적인 세원이 보장된다
하더라도 재원의 규모가 지나치게 작으면 지방공공재의 공급이 원활
히 이루어질 수 없다. 따라서 충분성의 원칙도 지방세의 매우 중요한
조건 중의 하나이다.

2) 신장성

두 번째 기준으로는 신장성의 원칙을 들 수 있다. 만약 세입의 신장
성이 낮거나 감소한다면 아무리 생산성이 크다고 하더라도 미래의 지
방재정구조를 악화시킬 우려가 있다. 예를 들어 우리나라의 경우 1989
년 담배소비세가 지방세로 이양되어 지방재정 확충에 큰 기여를 하였
으나 금연운동의 확산으로 인하여 그 신장률이 매우 저조한 실정이다.
이렇듯 담배소비세, 취득세, 등록세 등은 생산성의 기준에는 부합되나
신장성이 미흡하여 미래의 지방재정구조를 오히려 악화할 가능성이
있다.

특히 본격적인 지방자치시대를 맞이한 우리나라의 경우 지방정부의
행정수요는 앞으로 크게 증가할 것으로 예상되므로 신장성의 원칙은
매우 중요하다고 볼 수 있다.

3) 보편성

지방세의 또 다른 기준으로는 보편성의 원칙을 들 수 있겠다.

보편성의 원칙이란 세원이 특정지역에 편재되어 있지 않고 고루 분포되어 있어야 한다는 원칙이다. 만약 세원이 특정지역에 편중되어 있다면 지역 간의 지방세수입이 불평등하게 되고 결국 지역주민들이 받는 서비스 수준의 불평등을 야기한다.

우리나라의 경우 보편성의 원칙은 매우 중요하다. 왜냐하면 지방세의 대부분이 대도시에 편중되어 도, 시, 군, 자치구들의 자주적인 재정력은 광역시, 특별시 등에 비해 열악할 뿐 아니라 기초자치단체들 사이에도 재정력의 격차는 매우 심하다. 예를 들어 서울시 중구의 재정자립도는 91.9%임에 비하여 광주 남구의 재정자립도는 20.4%에 불과하다. 서울시 자치구의 경우를 살펴보아도 재정력의 격차는 뚜렷하게 나타난다. 이러한 이유로 많은 학자들은 지방정부 간의 수평적 재정불균형을 재정의 취약성과 함께 우리나라 지방재정의 가장 큰 문제로 여기고 있다.

하지만 보편성과 지방자치는 항상 어울리는 개념은 아니다. 보편성이 지나치게 강조되는 경우 지방정부의 자치권은 제약될 수도 있다. 예를 들어 각 지방정부가 특수한 환경으로 인해 특수한 행정서비스를 제공하여야 할 때 이러한 서비스의 원활한 공급을 위해서는 지방세제에 각 지역의 특성이 반영되어야 한다. 따라서 보편성은 매우 중요시되어야 할 지방세의 원칙이지만 지역의 특수성이 강조되는 지방자치라는 측면에서 볼 때 절대적인 의미를 갖는 것은 아니라고 보인다.

4) 지역성

지방세의 조건 중 가장 널리 받아들여지고 있는 것 중의 하나는 지역성이다. 지역성이란 지방세의 부담이 지방정부의 서비스에 의해 편익을 받는 지역의 주민에 국한되어야 하며 다른 지역의 주민들에게 쉽게 전가될 수 없어야 한다는 원칙이다. 이는 편익과 부담의 주체를 일치시킴으로써 자원배분의 효율성을 제고시키기 위한 조건이라고 볼 수 있다.

5) 응익성

응익성도 지방재원의 중요한 조건 중의 하나이다. 응익성의 원칙이란 국가, 혹은 지방정부로부터 제공받는 재화 및 서비스에 상응한 부담을 해야 한다는 원칙으로, 부담하는 주민의 지불능력에 따라 부담해야 한다는 응능설과 구분된다. 응익성은 위에서 살펴본 지역성의 원칙과 기본적으로는 유사한 개념이지만 지역주민에게 부담을 국한하지 않고 서비스의 수혜자에 부담을 지운다는 측면에서 차이가 있다. 특히 사용료 및 수수료 등의 세외수입은 응익성의 원칙에 매우 부합되는 수입원이다. 따라서 지방정부의 재정 확충을 위해서는 세외수입을 적극적으로 활용해야 할 것이다.

V. 지방재정 확충방안

1) 지방세제의 개선

(1) 탄력세율제도의 활용

탄력세율제도의 활용은 지방자치단체 스스로의 재정환경에 맞추어 지방세의 세율을 결정할 수 있는 권한을 강화시켜 자원배분의 효율성을 제고시킬 뿐 아니라 실질적으로 지방세수의 증대효과를 거둘 수 있는 방안 중의 하나이다. 이러한 측면에서 볼 때 응익성의 원칙에 부합되는 지방세목들은 탄력세율의 적용에 부합한다고 볼 수 있다.

현재 지방세 중 탄력세율을 적용할 수 있는 세목에는 주민세, 자동차세, 담배소비세, 도축세, 도시계획세, 공동시설세, 사업소세, 지역개발세 등이 있다. 이 중 주민세의 경우를 살펴보면 50%의 탄력세율 적용 시 지방세수에 4.99%의 증대효과를 가져올 수 있다고 한다.

그럼에도 불구하고 실질적으로 탄력세를 적용하는 지방자치단체는 극히 소수에 불과한 실정이다. 그 이유로는 우선 자치단체가 탄력세율을 적용할 경우 지방교부세 등에서 오히려 불이익을 받을 수 있기 때문이다. 또한 탄력세율을 적용할 수 있는 세목이 제한되어 있고, 이러한 지방세들의 규모가 작아 탄력세율의 적용으로 인한 재정확충의 효과가 작은 것도 하나의 이유이다. 이러한 측면에서 볼 때 현행 탄력세율제도의 개선은 필수적이라 하겠다.

탄력세율제도의 활용을 위해서는 첫째, 지방정부의 주요세원인 부동산관련 세목에 탄력세율을 적용할 수 있도록 할 필요가 있다. 부동산관련세에 대해서는 부동산 투기방지 등 국가의 정책목표를 위해 전국

적으로 통일된 정책이 필요하지만 기본적으로 응익성의 원칙에 부합
되는 세목들이며 지방정부의 가장 중요한 세원이기 때문에 탄력세율
제도가 적용이 된다면 큰 재정확충효과를 얻을 수 있을 것으로 판단
된다.

둘째, 탄력세율의 적극적 활용을 위한 동기부여 장치가 필요하다.
즉 탄력세율을 활용하는 지방정부가 중앙정부로부터 추가적인 재원을
지원받을 수 있도록 지방교부세제도를 개선해야 할 것이다. 이러한 제
도적 장치는 지방정부가 적극적으로 탄력세율제도의 활용하는 데 도
움을 줄 수 있을 것이다.

셋째, 자동차세의 경우 대도시지역에서만 탄력세율을 적용할 수 있
도록 되어 있으나 기초자치단체에서도 탄력세율을 적용할 수 있도록
해야 한다. 실질적으로 재정이 취약한 지방정부는 기초자치단체이다.
그럼에도 불구하고 지방정부의 주요 재원인 자동차세에 대한 탄력세
율의 적용을 대도시에 국한하는 것은 형평성에 있어서도 문제가 될
뿐 아니라 기초자치단체의 재정확충에도 도움이 되지 않는다.

이러한 제도적 개선을 통하여 지방자치단체의 자주재정권을 강화시
켜주고 자주재원의 확충에 도움을 줄 수 있는 탄력세율제도는 적극적
으로 활용되어야 할 것이다.

 (2) 법정외세의 도입

지방자치단체의 자주재정권을 확대시켜 줄 수 있고 지방세수의 확
충을 위한 또 다른 방안 중의 하나는 법정외세의 도입이다. 즉 법정외
세는 각 지방자치단체들이 자신들의 지역실정에 맞추어 세목을 결정
할 수 있도록 해줌으로써 자주적으로 지방세를 운영할 수 있도록 해

줄 뿐만 아니라 제공되는 행정서비스에 상응하는 세원을 확보할 수 있도록 해줌으로써 행정의 효율성 및 대응성을 높여준다.

그러나 법정외세는 '조세법률주의'로 인하여 그 도입에 어려움이 있다. 일부학자는 우리나라의 헌법이 조세의 종목과 세율은 법률로만 정한다고 규정하고 있어 법률 외에는 신세목의 설치가 불가능할 뿐 아니라 지방자치단체의 과세권은 지방세법에 의해 부과된 것이므로 조례로서 법정외세를 설치할 수 있는 근거를 지방세법에 규정할 수 없다고 주장하고 있다. 하지만 법정외세에 대한 최소한의 기준만 설치된다면 조례로서 정할 수 있는 사항이므로 위헌이나 위법이 아니라는 주장도 있어 법정외세의 도입은 어느 정도의 제도적 개선만 있으면 그 도입이 전혀 불가능한 것은 아니라고 판단된다.

미국과 같이 중앙정부와 지방정부가 각각 헌법상의 독립된 고유한 권한을 갖는 연방국가에서는 세목의 설치나 세율에 관해 지방정부가 독립적으로 결정하는 것은 당연한 것으로 인정된다. 하지만 단일국가 체제 내에서 이러한 권한은 거의 불가능하다. 따라서 어느 정도 중앙정부의 통제 속에 법정외세를 지방자치단체가 결정할 수 있도록 하는 방안이 현실적이다.

그렇다면 과연 어떠한 세목들이 해당될 수 있을 것인가?

법정외세는 법정외세의 취지에 맞는 세목들로 구성되어야 한다. 법정외세의 근본취지는 지역의 특성에 맞는 자율적인 재원조달을 위한 것이기 때문에 법정외세의 결정에 있어서 응익성의 원칙을 적용하여야 할 것이다. 즉 지방자치단체들은 각 지역의 실정에 맞는 다양한 서비스를 제공하고 있고, 또한 각 지역에서 발생하는 사회적 비용은 지방자치단체들에게 특별한 행정수요를 창출한다. 이러한 서비스 및 사회적 비용에 대한 대가를 지불하는 것은 지역의 특성에 맞는 행정서비스를 제공할 수 있게 해줄 뿐 아니라 새로운 조세에 대한 반발도 크게 줄일 수 있다. 이러한 이유로 법정외세는 응익성의 원칙에 부합되는 세목으로 구성되어야 할 것이다. 이러한 원칙에 입각하여 보면 법정외세로 관광세, 광고세, 환경 보호세 등을 생각할 수 있다. 또한 이러한 세목들은 수익자 및 원인자 부담의 원칙에 부합하기 때문에 새로운 세금에 대한 지역주민들의 저항이 그다지 크지 않을 것이다. 물론 이러한 세목의 도입에는 여러 가지 어려움이 따른다. 예를 들어 기존세목과의 중복문제 등이 발생한다. 하지만 이러한 문제점은 제도적 장치가 보완된다면 해결할 수 있을 것으로 보인다. 그밖에도 각 지방자치단체별로 특별한 재정수요를 발생시키거나 특별한 서비스를 제공하고 있다면 이에 상응하는 비용을 새로운 세목을 신설함으로써 충당할 수 있도록 하여야 한다.

(3) 재산과세의 개선

위에서도 살펴보았듯이 재산에 대한 조세는 지방정부의 세원으로 적합하기 때문에 거의 모든 나라 지방정부의 주요세원으로 활용되고 있다. 우리나라도 예외는 아니어서 재산관련세가 지방세에서 차지하는 비율은 자동차세를 제외하고 58.1%(1994년 결산기준)에 이른다.

우리나라의 재산관련세제에 대한 개선은 여러 가지 관점에서 접근할 수 있다.

국세의 대폭적인 이양이 힘든 상황에서 실질적으로 지방재정을 확충할 수 있는 방안은 종합토지세의 증대밖에 없다고 하겠다.

우리나라의 경우 종합토지세가 지방세에서 차지하는 비율은 7.8%에 지나지 않는다. 이렇듯 종합토지세의 규모가 작은 이유는 종합토지세의 과세표준이 개별공시지가의 31.5%(1995년 기준)에 지나지 않으며 대부분의 경우 저세율이 적용되고 있다는 점이다. 그 결과 종합토지세의 실효세율이 0.1%에도 미치지 못하고 있다. 따라서 세율, 혹은 과표현실화율의 상향조정을 통하여 종합토지세 실효세율을 올리는 것은 지방재정확충을 위하여 매우 시급한 과제이다. 물론 급진적인 세율, 혹은 과표현실화율의 상향조정은 큰 조세저항이 예상되기 때문에 단계적인 조정이 필요하다. 이와 더불어 재산과세의 개선을 통해 지방재정을 확충하기 위해서는 비과세·감면의 규모를 축소해야 한다. 1995년의 경우 비과세·감면액은 지방세 총계의 9.8%에 이르고 있음에 비추어 볼 때 지방세의 비과세·감면에 대한 제도의 개선을 통해 그 규모를 축소한다면 지방재정의 확충에 큰 효과를 가질 수 있을 것이다. 지방세의 비과세·감면에 대한 논의 중 중요한 문제 중의 하나는 그 주체에 대한 것이다. 현재 지방세의 비과세·감면은 주로 중앙정부의 차원에서 정책목적을 달성하기 위해 결정된다. 이러한 이유로 지방정부는 자신들의 주어진 환경과는 무관하게 큰 규모의 지방세수입을 잃고 있는 실정이다. 따라서 지방정부 스스로가 자신들의 여건과 정책목적에 맞추어 지방세의 비과세·감면에 대한 결정을 할 수 있는 폭을 늘려야 한다.

(4) 소득과세 및 소비과세의 확대

지방세의 문제점 중 하나는 부동산 관련세들이 주종을 이루고 있기 때문에 그 신장률이 낮고 세수의 소득 및 소비탄력성이 낮다는 점이다. 이러한 문제를 해결하기 위해서는 소득 및 소비와 관련된 세목들을 지방세에 신설, 혹은 강화시켜주어야 한다.

현행 지방세 중 소득과 관련된 세목은 주민세 소득 할과 농지세가 있으나 농지세는 세수비중이 극히 낮고 부의 신장률을 보이는 세목이기 때문에 실질적인 지방소득세는 주민세 소득 할밖에 없다고 하겠다. 주민세 소득의 경우 지방세에서 차지하는 비율은 10.3%에 지나지 않는다.

소득과세를 강화하기 위해서는 현재 주민세 소득 할의 세율을 조정할 필요가 있다.

즉 계속 부가세의 형태를 취하면서 현행 10%로 되어 있는 주민세 소득 할의 세율을 15% 이상으로 대폭 인상하는 방안을 생각할 수 있다. 하지만 이러한 방안은 근로소득자의 세 부담을 늘릴 수 있다는 단점이 있다. 이러한 이유로 주민세율의 상향조정이 어려운 경우 지역개발로 인하여 창출된 이득이 그 세원에 반영되고 있는 부동산 임대 및 양도소득, 지역적 특성이 강한 개인사업자의 사업소득 등을 지방세의 세원으로 하는 지방소득세를 도입하는 방안을 생각할 수 있다. 이러한 방안은 지역주민들의 조세부담이 늘어나지 않음과 동시에 지방정부의 서비스와 관련된 세원에 대하여 지방정부가 과세함으로써 자원배분의 효율성을 증대시킬 수 있다는 장점이 있다.

지방소득세와 더불어 지방소비세를 강화하는 것은 지방재정의 확충을 위해 매우 좋은 대안이다. 소비에 관한 조세는 응능성과는 무관하고 오히려 응익성의 원칙에 가까운 세원이면서 과세베이스가 넓어 저율과세로 큰 세수를 얻을 수 있다는 장점이 있다. 또한 소비세는 세원의 분포가 인구의 분포와 유사하여 보편성이 매우 뛰어나며, 소비생활의 고급화와 소비지출의 증가에 비례하여 세수의 신장성이 좋은 조세이다. 이렇듯 지방정부가 소비세를 부과하는 데는 무리가 없음에도 불구하고 우리나라의 경우 소비세의 대부분을 국가가 독점하다시피 하고 있다.

지방정부의 소비과세를 강화시키기 위해서는 지역적 성격이 강한 음식업, 숙박업, 부동산임대업, 운수창고업 등에 대한 부가가치세와 주택이나 건물의 신축에 대한 부가가치세의 과세권을 지방정부에 이양하는 방안을 생각할 수 있다. 음식업은 82%, 숙박업은 70%가 부가가치세법상 과세특례자에 해당되어 사실상 거의 방치되고 있는 실정이며, 부동산임대업 등은 사업체가 비교적 각 지역에 골고루 분포되어 있어 지방세원으로 적합하다고 할 수 있겠다. 이러한 부가가치세가 지방정부로 이양될 경우 지방세수는 2.5%~13% 정도 확충될 수 있다. 또한 유류소비분에 대한 특별소비세를 도입하는 방안도 고려대상이다. 도로건설 및 유지관리를 위한 교통관련세원으로서는 현재 목적세인 교통세가 있다. 하지만 교통세는 중앙정부가 독점하고 있기 때문에 지방정부는 그 혜택을 전혀 받지 못하고 있는 실정이다. 이러한 조세는 교통관련재원을 확보할 수 있다는 점 외에도 많은 장점을 갖고 있다. 즉 교통량에 비례해 과세를 함으로써 지방세의 원칙인 응익성의 기준에 합당하다. 뿐만 아니라 연비가 낮은 소형자동차에 유리하기 때문에 조세의 수직적 형평성에도 기여할 수 있다. 이와 더불어 교통량을 감소시키는 효과도 기대할 수 있어 대도시의 교통문제 해결에 일조를 할 것으로 판단된다.

2) 세외수입의 적극적 활용

사용료 및 수수료 등의 세외수입은 지방세와 더불어 지방정부의 자주재원이다. 특히 사용료 및 수수료 등은 응익성의 원칙에 부합하여 지방정부의 재원으로 매우 큰 의의가 있다. 따라서 자주재정권을 확보하면서 지방재정을 확충하기 위해서는 세외수입을 적극적으로 활용해야 한다.

우리나라 사용료 및 수수료의 문제점 중 하나는 요율의 현실화율이 지나치게 낮다는 것이다. 예를 들어 서울시의 경우를 살펴보면 정부의 공공요금 억제정책으로 인하여 지하철 요금과 상수도 요금의 현실화율이 지나치게 낮아 재정의 어려움을 가중시키고 있다. 즉 사업비로 충당하기로 되어 있는 지하철사업이나 상수도사업의 경우 물가억제 차원에서 결정되고 있는 공공요금이 생산원가에도 못 미쳐 계속적인 적자를 누적시키는 주요한 요인으로 작용하고 있다. 따라서 사용료 및 수수료에 대한 원가보상률의 수준을 상향 조정하는 것은 지방재정의 완화를 위해 매우 시급한 과제이다.

3) 지방교부세제도의 개선

지방교부세는 비록 중앙정부에서 지방정부에 이전하는 재원이기 때문에 지방세 및 세외수입에 비해 지방정부의 자주재정권을 충분히 보장해 주지는 못하지만 그 활용은 지방정부가 자율적으로 할 수 있는 일반재원이다.

지방교부세는 크게 보통교부세와 특별교부세, 증액교부세로 나뉘는데 보통교부세는 지방자치단체 자주성의 저해 없이 자치단체들 간의 재원의 균형화 도모함을 목적으로, 내국세 총액의 13.27%로 각 지방자치들의 재정력을 기준으로 지급한다. 보통교부세의 가장 큰 특징 중의 하나는 그 비도(費途)를 제한하지 않음으로써, 비록 중앙정부로부터 이전된 재원이긴 하지만, 지방자치단체의 독립재원의 성격을 띤다는 점이다. 특별교부세는 보통교부세의 산정에서 필연적으로 발생하는 획일성과 시기적인 이유에 의해서 보통교부세액의 산정에 반영할 수 없었던 구체적인 사정을 고려하여 연중 수시로 조건을 붙이거나 비도를 제한하여 교부하게 된다. 한편 증액교부세는 국가정책과 관련하여 부득이 재정수요가 발생하는 경우 지방단체에 교부되는 교부금으로서, 국도포장, 원리금상환, 지방도로포장, 기채상환 등이 그 대상이 된다.

현재는 지방분권화에 따라 지방정부가 자율적인 사업을 벌일 수 있는 여지가 많음을 인정하여 내국세의 13.27%로 되어 있는 법정교부율을 지난 2000년도에 15% 상향 조정하였고, 또한 2005년부터 시행을 예정인 지방양여금의 폐지안을 심의, 의결하였다. 이에 따라 지방양여금 사업이던 도로정비와 지역개발사업은 2005년 1월부터 지방교부세 사업으로 바뀌고 수질오염방지와 청소년육성 사업은 국고보조금 사업으로, 그리고 농어촌 지역개발사업은 국가균형발전특별회계 사업으로 각각 전환하였다.

법정교부율의 상향조정은 다음과 같은 근거로 실행되어야 할 것으로 판단된다.

첫째, 지방자치단체의 재정수요증가이다. 즉 지방자치의 실시로 인하여 지역주민들의 지방자치단체에 대한 행정요구는 크게 증가할 것이고, 이에 따라 재정수요도 크게 증가될 전망이다. 하지만 지방자치단체의 자주재원, 특히 지방세는 조세법률주의에 의하여 제한을 받고 있기 때문에 늘어나는 행재정수요에 자체적으로 대처하기는 거의 불가능하다. 둘째, 지방자치의 실시 이후로 중앙정부가 담당하고 있던 많은 행정기능이 지방자치단체로 이양되었고 앞으로도 더욱 많이 이양될 예정이다. 행정기능만 지방자치단체에 이양하고 이에 필요한 재원을 이전하지 않는다면 이는 지방자치에 역행하는 중앙정부의 횡포로밖에 생각할 수 없다.

4) 국고보조금제도의 개선

국고보조금은 자금의 용도를 정하여 중앙정부가 지방정부에 교부하는 재원이다. 즉 국고보조금은 국가적 이해관계 또는 국가와 지방자치단체 사이의 이해관계가 있는 사업들을 대상으로 중앙정부가 지방자치단체에 이전한 재원이다.

한국의 국고보조금은 부담금, 교부금, 보조금으로 구성되어 있다. 첫째, 부담금은 지방자치단체 또는 그 기관이 법령에 의해 처리하여야 할 사무로서 국가와 지방자치단체 상호 간에 이해관계가 있는 경우에 그 원활한 사무 처리를 위하여 국가에서 부담하여야 할 경비를 국가가 그 전부 또는 일부를 부담하는 경비로서 생활보호, 의료보호, 재해복구사업 등이 이에 해당된다. 둘째, 보조금은 국가가 시책상 필요하다고 인정될 때 또는 지방자치단체의 재정사정상 특히 필요하다고 인정될 때 교부하는 경비로서 일반적으로 전자를 장려적 보조금, 후자를 지방재정보조금이라고 한다. 마지막으로 교부금은 국가가 스스로 집행하여야 할 사무를 국민의 편리, 경비의 효율성 등을 이유로 지방자치단체 또는 그 기관에 위임하여 수행하는 경우 지출되는 경비이며, 국민투표, 대통령 및 국회의원선거 등이 그 지출대상이다.

지방자치의 측면에서 볼 때 국고보조금은 지방정부의 자주재정권을 강화시키는 것은 아니다. 그럼에도 불구하고 국고보조금은 중앙정부와 지방정부의 호혜적인 재정관계를 위해 큰 의의를 갖는다고 할 수 있다. 하지만 국고보조금 역시 제도적인 개선을 통하여 어느 정도 지방정부의 자주재정권을 강화시킬 수도 있고 지방재정의 어려움을 완화시킬 수도 있다.

국고보조금의 문제점은 중앙정부가 국고보조금의 세부용도뿐 아니

라 각각의 사업량과 지방비 부담액까지 지정하고 있다는 점이다. 중앙
정부의 지나친 간섭은 결국 지방자치단체의 자치력을 감소시키고 중
앙의 통제만 강화시키는 결과를 낳는다. 따라서 유사한 지정보조금을
몇 개의 포괄보조금으로 묶음으로써 지방자치단체가 국고보조금을 어
느 정도 자치적으로 운용할 수 있도록 하는 방안을 모색하여야 할 것
이다.

또 다른 국고보조금의 문제점은 국가위임사무의 경우 그 비용을 중
앙정부가 전액보조를 해야 함에도 불구하고 많은 부분을 지방정부에
서 부담하고 있다는 점이다.

이러한 문제는 지방재정의 어려움을 악화시키는 요인으로 작용하고
있기 때문에 국가가 부담해야 하는 국가의 위임사무에 대한 재원은
국가에서 전액 부담해야 할 것이다.

Ⅵ. 결 론

현재 우리나라 지방자치단체의 재정자립도는 전반적으로 낮은 수준
에 머물고 있으며 단일 지방자치단체들 간에도 재정력의 큰 격차가
심각한 문제로 인식되고 있다.

지방재정의 확충을 위해서 어떠한 제도적인 개선이 이루어져야 하는
지를 지방세, 세외수입, 지방교부세, 국고보조금 등 지방정부의 주요 수
입원을 중심으로 살펴보았다. 이에 앞서 지방재정확충을 위한 대안의
기본적인 원칙으로서 중앙과 지방정부 간의 재원배분에 있어 고려할
기준으로서 충분성, 신장성, 보편성, 지역성, 응익성 등의 원칙들을 제
시하였다. 위에서 언급한 바와 같이 지방자치의 본질을 확보하기 위해

서는 지방세 및 세외수입 등 자주재원의 확충이 우선되어야 할 것이다.

　지금까지 많은 지방정부들이 지방재정의 어려움을 호소하고 있고 이러한 어려움을 해소하기 위한 여러 대안들이 있다. 세계화시대를 맞이하여 국가 간의 경쟁보다는 지방정부 간의 경쟁이 더욱 중요시되고 있는 현실 속에서 지방정부가 스스로의 경쟁력을 갖출 수 있도록 하는 것이 국가발전을 위해 매우 중요하다는 것을 인식하고 중앙정부는 단순히 행정기능의 이양만을 추구하기보다는 지방정부가 이에 상응하는 재원을 확보할 수 있도록 해주어야 할 것이다.

〈참고문헌〉

김　렬(1997) "지역경제 활성화를 위한 지방정부의 정책수단"

강인재(1997) "중소도시 재정확충정책에 대한 평가와 대안 모색"

김대영(1995) "탄력세율제도의 효율적 운용방안"

김수근(1996) "지방자치와 바람직한 지방세의 역할"

네이버 ‒ www.naver.com

한국지방행정연구원 ‒ www.krila.re.kr

한국행정연구원 ‒ www.kipa.re.kr

한국지방자치학회 ‒ www.kalgs.or.kr

한국정부학회 ‒ www.kagos.net

행정자치부 ‒ www.mogaha.go.kr

2. 지방자치단체의 사무

1) 지방자치단체 기능의 분류

매우 다양한 분류기준이 적용된다.

- 김영기: 정치적 기능, 행정적 기능(일반관리기능, 전문봉사기능)
- 정세욱, 한원택: 세출예산 기능별 분류 기준(일반 행정적 기능, 공익 사업적 기능, 사회 복지적 기능, 경제적 기능)
- 최창호: 지방재정 기능별 경비분류와 연계(유지적 사무, 복지적 사무, 발전적 사무)
- 바이른: 시민보호서비스, 환경관리서비스, 대인복지서비스, 위락 관련서비스, 상거래관련서비스
- 피터슨: 지역경제 활성화 영향 관련 기준 공공정책 종류 구분(발전적 정책, 배분적 정책, 소득재분배정책)

* 행정측면에 초점 일반 행정기능, 주민복지기능, 지역 발전적 기능

(1) 일반 관리적 기능

- **의의**: 자치단체의 존립과 운영을 도모하고 지역주민의 생명과 재산을 보호하기 위한 기능
- **행정 관리적 기능**: 지방자치단체의 유지, 보전 및 기능의 원활한 수행 확보 기능
  예) 기획, 총무, 재무, 감사, 문화공보
- **주민보호기능**: 불의의 재난으로부터 주민의 생명과 재산보호 지역

사회 안녕과 질서유지를 위한 기능

예) 소방, 민방위, 경찰

(2) 주민 복지적 기능

- **의의**: 지역주민들의 복지증진(행복추구, 인간다운 삶 등 추구)
- **사회복지기능**: 주민의 기본적 생계보장 및 생활의 질적 향상을 통해 인간다운 삶을 향유할 수 있도록 지원

  예) 생활보호, 보건, 위생, 노동
- **교육문화기능**: 학교교육 및 사회교육 확대와 생활문화의 보전 및 창조를 통해 삶의 질 향상

  예) 교육, 문화

(3) 지역 발전적 기능

- **의의**: 해당지역의 물적·인적 자원의 효용화와 지역경제 활성화 및 소득증대 통해 지역주민의 안락한 삶을 영위할 수 있도록 지원
- **산업경제기능**: 지역의 산업발전과 경제성장 이룩하고 거래질서 확립 위한 경제활동 지도·장려·규제 기능

  예) 농축수산, 임광산, 상공, 관광 운수
- **지역개발기능**: 지역의 개발 및 관리 통해 지역발전 및 주민의 삶의 질 향상

  예) 공익시설의 설치 및 관리, 지역계획

2) 지방자치단체 사무의 종류

* 의의: 자치단체가 처리해야 하는 일정한 공공적 사항을 처리할 권한과 책임
* 종류: 고유사무(자치사무), 단체위임사무, 기관위임사무

- **자치사무(고유사무)**
  - 자치단체의 존립을 목적으로 하며, 주민의 복리증진을 위하여 지방적 공공사무를 자기 책임과 부담하에 처리하는 사무
  - 시행여부의 결정형태에 따라 법령의 특별한 규정이 없는 한 임의로 시행여부 결정하는 수의사무와 법령으로 자치단체 의무로 규정되어 있는 필수사무(오물처리나 청소사업 등) 구분
  - 자치단체 존립 유지사무와, 지방의 복지에 관한 사무
  - 경비는 자주재원과 장려성격의 보조금으로 충당

- **단체위임사무**
  - 개별법령에 의해 자치단체가 중앙정부 또는 상급자치단체로부터 위임받아 처리하는 사무
  - 자치사무에 비해 법령상 규제 및 중앙정부 통제가 넓음. 그러나 자치단체에 위임되면 자치사무와 동일하게 취급됨
  - 사무의 성질상 지방적 이해관계뿐만 아니라 광역적 또는 전국적 이해관계를 갖는 업무
  - 사무처리 소요경비는 위임기관과 수임기관이 분담(위임기관은 보조금 지급)
  - 예) 보건소 운영 및 예방접종, 국세 및 시도세 징수사무, 시도의 국

도유지 및 수선사무

- **기관위임사무**
  - 중앙정부나 상급자치단체가 자치단체의 집행기관(장)에 위임하여 처리하는 사무
  - 사무의 성격은 광역적, 전국적인 이해관계가 큰 사무
  - 위임기관이 소요경비 전액 부담
  - 예) 호적, 주민등록, 병사, 지적, 경찰, 소방, 국민투표 등

3) 사무배분의 방식

- **의의:** 각종 행정사무를 국가와 지방자치단체 간에 분담, 그 사무의 처리에 관한 권한과 책임을 나누어 주는 것.
- * 일정 구역 내 서비스 공급을 어떤 정부단위가 수행할 것인가 정하는 문제 계층구조, 구역의 크기, 능력 및 분권화정도, 사무성격과 관련

(1) 사무배분의 방식

* 사무배분방식: 개별적 수권(지정)방식, 포괄적 수권(위임)방식, 절충방식

- **개별적 수권(지정)방식:**
  자치단체가 처리해야 할 행정기구와 권한을 사무의 종류와 자치단체별로 개별적 법률을 통하여 배분하는 방식
  장점: – 사무배분이 명확
  　　　– 사무배분의 한계가 분명하여 사무중복 및 중앙정부 통제 방지

　　　　　－ 구체적 개별성 및 특수성에 부합하는 자치행정 가능
　　단점: － 수많은 개별법 양산으로 행정혼란과 낭비 초래
　　　　　－ 자치단체 간 관계도 법률의 제정과 개정 시마다 변경됨
　　　　　－ 환경변화에 대한 대응성 부족
　　예) 영국: 자치단체의 행정, 재정 능력에 따라 개별법으로 규정
　　　　미국: 헌장채택 주정부별로 약간 차이 또는 혼합

- **포괄적 수권(위임)방식**

법률에서 특별히 금지한 사항이나 중앙정부 또는 다른 자치단체에 배타적으로 부여한 사무 이외에는 모든 사무 수행
　　장점: － 자치단체의 행정수행에 융통성 부여(행정수요 재정력에
　　　　　　적합한 행정 가능)
　　　　　－ 권한부여방식이 간편
　　단점: － 중앙지방 및 자치단체 간 사무배분 불명확으로 중앙정부
　　　　　　통제가능성
　　　　　－ 자치사무와 위임사무의 한계가 모호하여 사무중복 가능성
　　예) 독일: 각 주별 헌법과 법률로 규정(내용은 주별로 약간 상이)

- **절충방식(혼합형):**

자치단체를 광역과 기초단체의 계층적으로 구분하고 각 자치단체가 수행할 사무를 예시적으로 일괄규정(예시적 포괄방식이 대표적)
　　자치단체가 처리할 수 있는 권한과 행정사항을 법률에 포괄적으로 규정해 놓고, 그 권한과 기능을 수행할 수 있는 기준에 도달한 자치단체에 벌도 법규명령으로 권한 부여하여 행정편의 도모
　　예) 일본, 과거의 프랑스

* 계약형: 중앙과 지방 간 또는 지방정부 상호 간의 계약에 의해 일정한
서비스 공급이나 사무 처리를 위탁하고 그 대가를 지불하는 유형

(2) 사무배분의 원칙

- **샤우프사절단**
  - 행정책임 명확화의 원칙
  - 행정능률의 원칙
  - 기초 자치단체 우선의 원칙

- **일본임시행정조사회(1964)**
  - 현지성의 원칙
  - 종합성의 원칙
  - 경제성의 원칙

- **프랑스(1983년 사무배분에 관한 법률)**
  - 전문성의 원칙
  - 중복재정금지의 원칙
  - 동등한 보상의 원칙
  - 감독금지의 원칙
  - 기존 지방자치단체의 이익보장의 원칙

- **한국 지방자치법(자치법 제8조 사무처리 기본원칙)**
  - 자치단체는 그 사무를 처리함에 있어 주민의 편의 및 복리증진
    을 위해 노력해야 한다.

- 자치단체는 조직 및 운영의 합리화에 노력하고 규모의 적정화를
  도모해야 한다.
- 자치단체는 법령이나 상급 자치단체의 조례에 위반해 사무처리
  할 수 없다.

- **논의의 종합**
  - 자치단체 간 사무처리가 경합되지 않고 권한과 책임이 명확해야 함
  - 기초자치단체에 우선적으로 사무를 배분함
  - 지역종합성의 원칙(특별지방행정기관보다 보통자치단체 우선)
  - 행정능률성 위한 자치단체 규모와 행재정능력, 인구 수 고려(최
    소 비용으로 최대효과)

    (3) 사무배분의 기준

※ 중앙정부와 지방정부의 사무

- 중앙정부: 전국적 이해관계에 관한 사무, 기관위임사무의 계획 및
  지휘, 감독
- 지방자치단체: 기관위임사무의 집행, 단체위임사무와 지방자치단체
  의 존립목적이 되는 자치사무의 계획, 집행.
* 지방자치법 제10조(광역과 기초의 사무배분기준 제시)

  첫째, 광역의 사무배분 기준 정해 놓고 이에 해당사항 기초가 수행
못하도록 함
  - 행정처리 결과가 2개 이상의 시군구에 미치는 광역적 사무
  - 시도단위로 동일한 기준에 따라 처리되어야 할 성질의 사무

- 지역적 특성을 살리면서 시군단위로 통일성을 유지할 필요가 있
  는 사무
- 국가와 시군구 간의 연락, 조정 등의 사무
- 시군구가 독자적으로 처리하기 부적당한 사무
- 2개 이상의 시군구가 공동으로 설치하는 것이 적당하다고 인정
  되는 규모의 시설의 설치 및 관리에 관한 사무

둘째, 기초자치단체는 광역자치단체가 처리하는 것으로 되어 있는
사무를 제외한 사무 처리

셋째, 인구 50만 이상의 시는 도가 처리하는 사무의 일부를 직접 처
리할 수 있도록 함.

자치구는 특별·광역시의 일부로 자연적 구분이 아닌 인위적 구분이
므로 성질상 시 전체로 처리해야 할 사무는 특례규정 별도로 둠.

넷째, 광역과 기초단체 간의 사무 처리는 경합하지 않도록 하고 있
으며, 경합하는 경우 기초단체가 우선적으로 처리하도록 규정

다섯째, 국가사무의 처리제한규정을 두어 자치단체 수행불가업무 규
정(국가사무 규정)

- 외교, 국방, 사법, 국세 등 국가존립에 필요한 사무
- 물가정책, 금융정책, 수출입정책 등 전국적 통일을 요하는 사무
- 농림, 축수산물 및 양곡의 수급조절 등 전국적 규모의 사무
- 국가종합경제개발계획, 직할하천, 국유림, 국토종합개발계획, 일
  반국도나 국립공원 등

- **전국적 규모나 이와 비슷한 규모의 사무로 전국적·종합적 기획사무**
  - 근로기준, 측량 단위 등

- **전국적 기준의 통일 및 조정을 요하는 사무**

- 우편, 철도, 전화 등

- **전국적 규모 또는 광역적 규모로 행해지는 현업에 관한 사무**
  - 고도의 기술을 요하는 검사, 시험, 연구, 항공 관리 등

- **자치단체의 능력과 재정으로 감당하기 어려운 사무**
  - 사회 정책적 요구에 대응하기 위한 사무(실업, 사회보장 등)
  * 단 지방자치단체 종류별 사무는 대통령령으로 규정하도록 하고 있어 현실적으로는 중앙정부 정책의지에 따라 사무배분이 이루어짐

  (4) 자치단체 계층 간의 사무배분

  * 일반적인 자치단체 사무범위의 예시
  - 자치단체의 구역, 조직 및 행정관리 등에 관한 사무
  - 주민의 복지증진에 관한 사무
  - 농림 상공업 등 산업진흥에 관한 사무
  - 지역개발 및 주민의 생활환경시설의 설치 및 관리에 관한 사무
  - 교육, 체육, 문화, 예술의 진흥에 관한 사무
  - 지역민방위 및 소방에 관한 사무
  ※ 57개의 사무 예시적으로 열거

- **광역자치단체의 사무**
  ① 광역사무(광역행정기능): 두 개 이상의 지방자치단체 구역에 걸치는 사업의 계획·집행
  예) 지역종합개발계획, 치산 및 치수, 도로 등
  ② 연락·조정사무: 중앙과 지방의 연락조정으로 의사소통 원활화와

　조직운영 합리화

예) 지시내용 이첩, 보고접수, 상호조정

③ 보완·대행사무: 행정·재정·기술능력 부담사무, 보완·대행. 비

　경제·능률·질 저하 사항 처리

예) 보건의료시설, 사회복지시설, 산업지도 등

* 이중행정의 폐해 고려(특히 대도시)

④ 지휘·감독사무: 기초에 법률적으로 인정하는 사안에 해당

* 폐지에 대한 주장(실효성, 간섭 등의 우려)

- **기초자치단체의 사무**

　* 광역사무 이외의 사무 처리

　- 낙후된 생활방식의 개선

　- 지역사회개발의 촉진

　- 교통안전

　- 공해방지, 생활환경의 개선 및 정비

　- 주택, 불량주택의 정리

　- 상하수도, 오물처리, 소독 청소

　- 주민의 건강관리

　- 공원, 녹지, 오락시설의 제공

　- 시장운영

　- 건축, 건축물의 구조설비, 부지 밀도의 규제

　- 도로 및 보도의 유지관리, 교량, 가로조명, 주차장의 설치관리

　- 기타 공공복지

- **사무배분의 문제점**

　- 자치단체 간 사무중복이 많아 책임한계 불분명, 분쟁의 소지

- 행정사무 처리에 비한 부담과다로 재정능력의 문제
- 자치단체 자율성의 문제(위임사무 과다)
- 자치단체의 특성 및 고유성의 고려 부족(자치단체 수준 간 획일적)

※ 위임과 위탁

위임과 위탁이 바람직하다고 여겨질 때(필요성)

- 주민의 편의 증진(예: 광역사무)
- 지역의 특수성 쉽게 고려
- 효율성 증진

* 역기능(문제점) 1: 내재적 문제점
- 수임·수탁자 예속: 본기관의 통제권이 미침
- 책임정도 불분명: 위임, 재위임 등으로
- 책임의 분산: 감독의 위임기관과 처리의 수임기관 간
- 특수성 반영의 한계: 위임기관의 의도 반영

* 역기능(문제점) 1: 운영상의 문제점
- 조사한 일부에만 한정된 실질적 활용 미비
- 수임기관의 인력, 예산 증가조치가 없어 부담 과중
- 법적 책임이 모호한 내부위임 증가

※ 민간위탁

- 행정수요에 대한 탄력적 대응 (행정기관은 적법성의 굴레)
- 비용의 절감: 민간 기업은 이윤추구로 집행비용 감소 (효율성)
- 질적으로 향상된 서비스 제공 (고객 만족)
* 다만 역기능도 고려해야 할 것임: 공권력 사무의 위탁 금지 등

I. 지방재정 활용

1) 지방재정의 개념 및 특성

- **지방재정의 개념**: 독립된 경제주체로서 자치단체가 수행하는 종합적
  인 활동
  - 자치단체가 그 관할구역 내에서 공공욕구를 충족시키는 데 필요
    한 재화와 서비스를 공급하기 위하여 재원을 획득·관리·사용하
    는 일련의 공경제적 작용

- **지방재정의 특성**
  - 다양성(자치단체의 자연조건, 역사조건, 경제조건, 규모 및 행정
    기능에서 오는 차이),
  - 제약성(국가의 법·행정적 규제와 재정기능·재원배분에서 국가
    재정과 상호 관계적 제약),
  - 응익성
  - 지역대표성
  - 자원배분기능 중심(지방재 공급 중심)

2) 지방재정과 국가재정

(1) 국가관여의 필요성

- 자치단체에 대한 재원부여 권한
- 자치단체 간의 재정적 격차 해소·완화

- 일정한 행정서비스에 대한 국민적 최저수준 유지
- 지방재정은 국가재정의 일부분

(2) 국가의 재정적 관여방식

• **세입에 대한 관여**: 기채승인, 국고보조금, 지방교부세·지방양여금의 교부 통해 관여·통제

• **세출에 대한 관여**: 자치단체 세출예산편성이 중앙정부(행자부 장관) 의 예산편성기본지침에 의해 제약

(3) 국가와 자치단체 간의 세원배분

• **세원배분의 결정요인**:
  - 정치이데올로기, 정치체제, 국가형태
  - 국가와 지방 간의 기능배분
  - 지역경제력의 격차에 따른 세원편재도
  - 세 부담의 공평성이나 과세기술

• **세원배분의 방식**
  - 분리방식: 국세와 지방세원 분리(자치단체 과세주권 확보, 행정 책임 명확)
  - 중복방식: 중앙과 지방 간에 동일한 세원 중복하여 배분

3) 지방재정 운영의 원칙

* **지방재정법:** 지방자치단체는 그 재정을 건전하게 운영해야 하며 국가의 정책에 반하거나 국가 또는 다른 지방자치단체의 재정에 부당한 영향을 미치게 하여서는 아니 된다
  - 재정운영의 자주성 및 자율성을 전제로 한 건전운영, 적정한 재정정책 명시

- **수지균형의 원칙:** 수입과 지출 간의 균형. 형식수지와 실질수지. 다년간을 기본으로 한 수지균형의 원칙

- **재정구조 탄력성 확보의 원칙:** 재정의 경제변동, 행정수요의 변화, 지역사회의 여건 변화에 대한 대응
  - 세입과 세출의 상호 유기적 편성과 일반재원 총액 중에서 비탄력적 경비(경상지출)에 충당되는 일반재원이 점하는 비율로 측정(경상경비의 경상수입으로의 충당)

- **행정서비스 수준의 확보 ·향상의 원칙:** 주민이 요구하는 행정의 질과 양 충족

- **재정운영 효율화의 원칙:** 최소경비로 최대효과. 경비지출 효율 향상. 단위당 경비지출 효과 증진. 주민부담의 적정화

- **재정운영 공정성의 원칙:** 적법성과 실현하려는 행정내용의 타당성. 재정상황 공표

- **재정질서 적정화의 원칙**: 국가와 자치단체 간, 자치단체 상호 간, 자치단체 및 주민 간의 적정한 경비부담

- **장기적 재정안정의 원칙**

II. 지방세입

1) 지방자치단체 수입의 의의

- **개념**: 자치단체가 그 경비의 재원으로 충당하기 위하여 수납하는 화폐적 수입
  - 일시보관금과 같이 자치단체 경비의 재원으로 충당할 수 없는 것은 수입에서 제외
  - 부수적인 결과로 수입된 것도 경비재원으로 충당되면 지방수입
  - 예외적인 현물수납은 예산과 결산 시 화폐적 수입으로 계상

- **특징**
  - 다핵성: 지방세, 지방교부세, 영여금 및 보조금, 지방채, 사용료·수수료 등 다핵적 구성(조세수입 위주의 국가수입과 구별)
  - 상이성: 세입구조가 자치단체 규모·산업구조·지역경제력의 차이에 따라 다름
  - 응익성

2) 지방자치단체 수입의 분류

(1) 자주재원과 의존재원

- **자주재원:** 자치단체가 자주적으로 받아들이는 재원(지방세, 세외수입)
- **의존재원:** 국가나 광역자치단체가 이전함으로써 자치단체 수입이 되는 재원(지방교부세, 지방양여금, 국고보조금)

* 쟁점
- 지방교부세가 의존재원인가?
  국가가 징수하나 궁극적으로 자치단체 재원에 귀속
  법정교부율 준수(자주)
  자치단체 간 재정조정 목적으로 교부(의존)
- 지방채수입이 자주재원인가?
- 이월금이 세외수입인가?:
  국고보조금에 해당하는 이월금은 의존재원

(2) 일반재원과 특정재원(용도기준)

- **일반재원:** 어떠한 경비로도 지출할 수 있는 수입(지방세, 세외수입, 지방교부세)
- **특정재원:** 지출해야 하는 용도가 특정되어 있는 수입(국고보조금)

* 쟁점
- 지방세 중 도시계획세·소방공동시설세·사업소세가 일반재원인

가(이들은 목적세)?

- 지방교부세 중 특별교부세가 일반재원인가?

  보통교부세로 포착하기 어려운 재정수요, 각종 재해, 공공복지시설 복구 등 예측치 못한 특별재정수요 발생 시 교부되는 재원으로 용도 제한(특정 재원)

- 세외수입 중 용도가 미리 정해져 있는 재원이 많다(하천법)

* 일반재원비율이 크다는 의미는? 재정운용 자주성 제고

(3) 경상수입과 임시수입(규칙성과 안정성 기준)

- **경상수입:** 매년 규칙적·안정적으로 확보할 수 있는 수입

  (지방세·사용료·수수료·보통교부세)

- **임시수입:** 매년 불규칙적·임시적으로 확보되는 수입

  (특별교부세·부동산매각수입·지방채수입)

* 지방재정 건전성 판단 기준

3) 지방세

(1) 지방세의 의의

- **개념:** 자치단체가 지방의회 운영 및 행정수행에 소요되는 일반경비에 충당하기 위하여 그 자치단체 내 주민 등으로부터 일정한 개별적 보상 없이 강제적으로 징수하는 금전 국세와 같이 조세부담능력, 형평성의 원칙 등 조세 일반에 요구되는 원칙에 입각하여 체계를 갖추어야 함.

- **특징**
  - 강제적 부과·수입: 조세법률주의
  - 수익에 따르는 징수: 자치단체가 제공하는 공공서비스에서 받는 이익에 대한 납부가 이상
  - 재원조달의 목적: 일반경비를 충당하기 위한 재정수입이 목적 (재정수입 외 목적 부담과 구별/벌금, 과태료, 과료 등)
  - 금전으로 표시·납부

- **원칙**
  - 보편성의 원칙: 세원이 특정 자치단체에 편중 없이 모든 자치단체에 분포
  - 안정성의 원칙: 경기변동에 대한 민감도가 낮은 안정적 세수
  - 국지성(지역성)의 원칙: 과세객체가 자치단체 간 이동이 적고 관할구역 내 존재
  - 分擔分任의 원칙: 누구든지 자치단체 경비 분담
  - 응능원칙과 응익원칙
  - 부담보편화의 원칙: 동등한 지위자에 동등한 과세

(2) 지방세의 구조

- **성질별:** 총 16개(소득과세 2, 소비과세 4, 재산과세 7, 보유과세 5, 거래과세 2, 기타 3)

성질별		도 세	시·군세	특별·광역시세	자치구세
소득과세(2)			주민세(소득 할)·농지세	주민세(소득 할)·농지세	
소비과세(4)		경주마권세	담배소비세·도축세·주행세	담배소비세·경주마권세·도축세·주행세	
재산과세(7)	보유(5)	공동시설세	재산세·종합토지세·도시계획세·자동차세	도시계획세·공동시설세·자동차세	재산세·종합토지세
	거래(2)	취득세·등록세		취득세·등록세	
기타(3)		면허세·지역개발세	사업소세	지역개발세	면허세·사업소세
16개		6개	10개	12개	4개

- **시·도세와 시·군·자치구세:**
  - 시·도세: 기관위임사무를 처리하는 정형적 행정수행
    신장선 높은 세목
  - 시·군·구세: 주민과 직결된 비정형적 행정 수행
    안정성이 높은 세목

  * 기초지역 간 지역적 편재도가 높은 세원은 가급적 광역에 배분

- **보통세와 목적세**

도 세	보통세	취득세·등록세·면허세·경주마권세
	목적세	공동시설세·지역개발세
시·군세	보통세	주민세·재산세·종합토지세·자동차세·농지세·도축세·담배소비세·주행세
	목적세	도시계획세·사업소세
특별·광역시세	보통세	취득세·등록세·농지세·주민세·자동차세·도축세·경주마권세·담배소비세·주행세
	목적세	도시계획세·공동시설세·지역개발세
자치구세	보통세	면허세·재산세·종합토지세
	목적세	사업소세

(3) 지방세의 문제점과 전망

- **지방세원의 빈약:** 국가재정에 대한 의존도가 높음. 지방행정재정 건전화 저해
  - 세원이 전국적으로 분산되어 있는 국세의 지방이양
  - 지방세율의 합리적 조정 및 세원개발

- **세원의 지역적 편재:** 세원이 서울과 대도시에 편재. 세원 지방이양 시 지역 간 격차 심화

- **지방세수의 신장성 저조**
  - 재산과세 중심으로 신장성 높은 소득과세, 소비과세의 배분 미흡 (안정성에 유리)
  - 지역발전에 수반하는 성장세원 충분히 흡수 못함
  - 정액세의 물가상승률에 따라 조정하지 못하여 실질적인 세수감소
  - 자산과세의 객체인 부동산의 과세시가표준액을 물가에 연동시키지 못함
  - 각종 조세감면제도로 불공평 과세를 시정하지 못함

- **획일적 세제와 과세자주권의 결여:** 조세법률주의로 자치단체의 법정외 세목 설치 금지

4) 세외수입

(1) 세외수입의 개념

- **광의:** 지방수입 중 지방세, 교부세, 양여금, 조정교부금(자치구에 한정), 보조금을 제외한 일체의 수입(전입금, 이월금, 순 세계잉여금 및 지방채수입도 포함)
- **협의:** 실질적·경상적 수입(광의개념에서 전입금, 이월금, 순 세계잉여금과 같은 명목적 세입과 특별한 사유로 당해연도에만 생기는 임시적 수입 제외)
- **최협의:** 협의개념 중 특별회계 영업수입 제외한 일반회계에 있어서의 실질적·경상적 세외수입

(2) 세외수입의 유형

- **사용료와 수수료**
  - **사용료:** 공공시설을 사용함으로써 얻는 편익에 대한 대가(보상)로 징수하는 공과금(공설운동장의 사용, 도로의 점용, 학교의 수업료, 병원의 진찰료, 수도요금 등)
  - **수수료:** 자치단체 활동에 의하여 개별적 특수이익을 받는 사람으로부터 그 비용의 일부분을 지변하기 위하여 징수하는 공과금

- **분담금과 부담금**
  - **분담금:** 자치단체의 재산 또는 공공시설(예: 도로)로 인하여 주민 일부가 특히 이익을 받을 때 그 비용의 일부를 지변하기 위

하여 이익을 받은 자로부터 징수하는 공과금(토지 구획사업, 도
시계획사업, 공공사업, 도시재개발사업 등)
- **부담금:** 광역단체가 특정한 기초단체에 많은 이익을 주는 토목이
나 기타의 건설사업을 시행하는 경우 그 사업으로 인한 수익의
한도 내에서 사업소요비용의 일부를 기초단체로부터 수납하는 것

• **재산수입:** 자치단체가 소유하는 보통재산 또는 이에 준하는 재산의
임대 또는 매각에 의한 수입

• **경영사업수입**

• **기타 세외수입**
- **징수교부금:** 기초단체가 국가나 광역단체의 위임을 받아 국세,
시도세, 사용료 등을 징수하는 경우 징수위임기관이 기초단체에
교부하는 것
- **이월금:** 동일회계 내에서 전년도에 생긴 잉여금 중에서 현 연도
로 이월된 금액
- **기부금:** 주민·기업으로부터 자발적 의사로 일정한 금액이 용도
를 지정(지정기부금) 또는 지정 없이(일반기부금) 자치단체에
납입되는 것
- **전입금:** 다른 회계 또는 기금으로부터의 자금의 이동으로 생기
는 회계조작상의 수입
- **잡수입:** 사업장의 생산품매각수입, 불용품매각수입, 변상금 및
위약금, 기타 잡수입

Ⅲ. 지방재정조정제도

1) 지방재정조정제도의 기초

(1) 지방재정조정제도의 필요성

• **수직적 재정불균형**
  - 중앙과 광역, 기초자치단체들이 공공재와 서비스 공급을 위하여 지출해야 할 재정 수요액과 재정수입액의 불일치
  - 중앙은 생산·공급하는 공공재와 서비스량에 비하여 재원배분액이 많고, 자치단체는 행정기능의 배분량에 비해 재원배분액이 적음

* **중앙에 대한 재원배분이 많은 이유**
  - 소득과세와 소비과세 중심의 국세와 재산과세 중심의 지방세
  - 세원의 지방이양 시 세원이 특정한 자치단체에 편재되어 있어 보편성의 원리에 배치
  - 지방재정규모에 비한 국가재정규모의 현저한 신장
  - 자치단체에서 보다 양질의 행정서비스를 편하게 받으려는 주민욕구

• **수평적 재정불균형**
  - 광역단체 간 & 기초단체 간 재정력 격차

(2) 지방재정조정제도의 의의와 기능

• **지방재정조정제도의 의의**

- 자치단체별로 그 규모와 경제력이 달라 주민의 세부담이 다르고
  행정수준의 차이가 나는 것을 균형 있게 조정하기 위한 재정운
  영제도
- 일반재원의 자치단체 간 균형 유지
* Feet Vote

- **지방재정조정제도의 기능**: 자치단체 간 재정력 격차 균등화와 자치
  단체의 일정수준 행정을 유지토록 하기 위한 재원 보장
  - 자치단체별로 필요불가결한 최저 공공지출수준 유지
  - 수직적 재정조정
  - 국가 전체적인 정치적, 사회적 안정유지와 후생복지 유지 위한
    자치단체의 역할 지원
  - 재정지출의 공평성과 효율성: 조세부담율과 공공재 혜택의 격차 해소
  - 징수부 교부금과 같은 자치단체의 자조적 노력 유발 자립기반 확충

2) 지방교부세

- **의의**: 자치단체의 행정운영에 필요한 재원을 교부하여 재정을 조정
  함으로써 지방행정의 건전한 발전 유도

- **기능**
  - 자치단체의 자주성 보장기능: 용도, 즉 조건이나 비도의 제한을
    두지 않음(의존재원이면서도 일반재원으로 분류)
  - 자치단체 간 재원의 균형화 기능: 자치단체 간 재정력 평준화
  - 자치단체의 재원보장기능: 지방재원의 안정적·장기적 보장

* 내국세총액의 13.27%, 2000년부터 15% 상향조정

(1) 보통교부세

매년도 기준재정수입액이 기준재정수요액에 미달하는 자치단체에 대하여 그 미달액을 기초로 교부

• **기준재정수요액**: 자치단체별로 기본행정의 수행을 위한 기본경비로서 각 경비항목별로 설정된 측정단위의 수치에 측정단위마다 단위비용을 곱하여 얻은 액에 일정한 보정을 가하여 산정한 금액

• **기준재정수입액**: 자치단체의 표준적 재정수요에 필요한 일정재원의 산정액 일정한 기준에 의해 산정한 자치단체별 추계액(지방세 목표액)에 기준세율(표준세율의 80/100)을 곱하여 산정한 금액

(2) 특별교부세

보통교부세의 획일성과 시기적 원인으로 반영할 수 없었던 구체적인 사정을 고려해 특별히 교부하는 특정재원으로 보통교부세 보완

* **특별교부세 교부사유**
  - 기준재정수요의 산정방법으로 포착할 수 없는 특별한 재정수요가 있을 때
  - 보통교부세 산정기일 후에 발생한 재해로 인하여 특별한 재정수요가 있거나 재정수입의 감소가 있을 때

- 자치단체의 청사 또는 공공복지시설의 신설·복구·확장·보수 등의 사유로 특별한 재정 수요가 있을 때

3) 국고보조금

• **의미**
  - 국가나 공공단체가 일정한 목적을 정하여, 대가를 받지 아니 하고 자치단체에 교부하는 재정자금
  - 자치단체가 행정기능을 수행하는 데 소요되는 경비의 일부 또는 전액을 지변하게 하기 위해 국가가 부담금·교부금·보조금 등의 명칭으로 용도를 지정하여 자치단체에 교부하는 자금

• **국고보조금의 종류**
  - **분담(부담)금**: 보조 대상이 되는 행정이 국가적인 성질의 것이나 그 권한의 행사를 자치단체에 맡겨 처리하게 하고 필요경비 중 일부를 국가가 부담
  - **교부(위탁)금**: 본래 국가의 행정사무나 이를 자치단체로 하여금 대행(위임)하게 하는 경우 필요경비를 충당 위해 교부
  - **협의적 개념**: 지방적 행정이나 사업이지만 국가가 정책적으로 장려하려는 시책에 대해 그 재원의 일부를 지원하는 경우
  - 특정 자치단체의 재정보전 목적으로 특정사업에 보조하여 재정 탄력성 유지
  * 정액보조와 정률보조, 차등보조금
  * 세목지정보조금과 포괄적 보조금

• **국고보조금의 특징:** 특정재원, 의존재원, 경상재원

4) 지방양여금

• **개념:** 국세로 징수한 특정세목의 수입금 가운데 전부 또는 일부를 자치단체에 양여하여 특정사업에 충당하도록 하는 제도

  * 지방재정의 확충 및 균형발전 도모

  ▶ 실질적으로 자치단체 고유재원으로 쓰인다는 의미에서 지방교부세와 동일(보조금과 차이)

  ▶ 재원을 전체로서 보장하지 않는다는 점에서 교부세와 차이(일반재원 보조가 아님)

• **지방양여금의 재원:** 국세 가운데 어떤 세목도 가능 국세와 지방세의 조정 등에 관한 법률(5조)

  - 전화세의 100%
  - 주세의 100%
  - 토지초과이득세의 50%
  - 농특세의 19/150

• **지방양여금의 대상사업**

  - 도로정비사업: 광역시도, 지방도, 군도, 농어촌도로와 일반시지역의 도로사업
  - 농어촌지역개발사업: 정부생활권개발사업과 오지개발사업
  - 수질오염방지를 위한 하수종말처리장 및 분뇨처리시설의 설치사업, 오염하천정비사업

   - 청소년육성 사업 및 지역개발사업

- **지방양여금의 효과**
  - 자치단체 간 재정력 격차 완화로 지방재정 조정 및 재원배분의 적정화
  - 자치단체의 재정력 보전으로 자치기반 공고화
  - 지역의 균형개발 도모

5) 조정교부금과 지방양여금

- **조정교부금**: 특별시·광역시가 관할구역 내의 자치구간의 재정조정을 위하여 기준재정수입액이 기준재정수요액에 미달하는 자치구에 대하여 미달액을 기초로 일정한 교부율에 해당하는 금액을 지원해 주는 제도

- **재정보전금**: 특별시를 제외한 광역시·도가 그 관할구역 내 시·군의 재정을 보전해주기 위하여 시·군이 징수한 광역시세·도세수입의 일부를 일정한 기준에 따라 시·군에 배분하는 제도

※ 지방채

- **지방채의 의의**: 자치단체가 재정수입의 부족액을 보전하여 경비에 충당하기 위하여 정부 또는 민간부문으로부터 증서차입 또는 채권발행의 방법에 의하여 자금을 조달하는 채무부담행위

- **지방채를 통한 재원조달의 이유**
  - 지역경제 활성화를 위하여 대규모 재정투자가 필요한 경우의 소요재원 조달
  - 불황기 경기부양책 일환으로 지방재정제출 확대 필요 시
  - 일시적이고도 일시에 많은 재원이 소요되는 경우 경상수입으로 충당이 불가능할 때
  - 내용연수가 긴 공공시설의 건설에 소요되는 재원조달의 세대 간·주민 간의 형평성 실현(수혜자 부담주의)
  - 지방공기업의 설비자금 조달

- **지방채의 이점**
  - 매입의 임의성: 응모자의 자유의사 존중(예외: 강제공채/지하철채권)
  - 단기흡수성
  - 장기분할성

- **지방채의 비판**
  - 과도한 지방채 발행은 차세대에 과도한 부담을 지운다.
  - 현세대는 재정지출 결정권을 갖는 데 반해 후세대는 재정 부담만 강요받는다.
  - 자본시장에서 민간채권의 소화능력 감소
  - 채무의 원리금과 이자상환으로 경상예산 팽창
  * 지방정부 파산

IV. 지방경비

1) 지방경비의 의의

- **지방경비의 개념:** 자치단체가 각 지역의 특성에 따라 설정한 행정서비스의 목적달성을 위하여 지역적인 행정수요에 대응하는 데 필요한 경비를 지출하는 것

- **지방경비의 특징:** 다양성·공통성, 지역성(지역적 한계성), 분담성(의존성), 팽창성, 경직성

- **지방경비의 원칙:**
  - 세입과 지출의 균형
  - 경제적 변동이나 행정수요의 변화, 주민의 기대와 욕구에 탄력적으로 대응
  - 지방의회로부터의 지출에 대한 심의·승인 및 결산검사 & 주민의 통제와 감시

2) 지방경비의 결정요인

- **수요측면의 요인**
  - 인구: 자연증가와 인구이동에 의한 인구구성의 변화
  - 국가의 재정상태
  - 공공재의 상대가격의 변화
  - 지역주민의 소득

- **공급측면의 요인:**
  - 노동과 자본가격이 지방경비 규모에 영향
  - 규모의 경제가 발생하면 지방정부가 공급하는 서비스의 한계비
    용 감소
  - 복지서비스, 의료서비스 등 공공서비스의 비용(증가하면 지방경
    비도 증가)
  - 지방정부의 자본적 투자규모(커지면 지출도 증가)

- **외부적 요인:**
  - 지역 내 공장의 폐쇄: 세입감소 및 실업해결 예산규모 증가
  - 중앙과 상위자치단체의 재정정책 변화

3) 지방경비의 구조

- **재정운영 분석을 위한 분류**
  - 경상적 경비와 임시적 경비
  - 의무적 경비와 임의적 경비
  - 소비적 경비와 투자적 경비
  - 이전적 경비와 실질적 경비

- **회계별 분류:**
  - 일반회계: 지방정부의 일반적 활동 대상
  - 특별회계: 사업적 성격(공기업특별회계와 기타특별회계)

- **기능별 분류:** 정부의 주요 기능에 따른 분류(일반 행정비, 사회복지
  비, 공익사업비, 산업 경제비, 교육문화비)

- **품목별 분류:** 인건비, 물건비, 경상이전, 자본지출, 융자 및 출자, 보전재원, 내부거래

- **경제성질별 분류:** 내포하는 경제적 성질에 따른 분류(투자비, 사회복지비, 경상적 경비)

V. 지방자치단체

1) 지방자치단체의 의의

(1) 지방자치단체의 개념

국가의 일부를 그 구역으로 하고, 그 구역 안의 모든 주민을 구성원으로 하여 그 구역 안의 모든 사람과 사물에 대하여 국법이 인정하는 일정한 범위 안에서 통치권(자치권)을 가지는 법인격이 있는 단체
 * 자치단체, 지방자치체, 지방공공단체, 지방단체
  ▶ 구성요소: 장소적 요소로서의 구역, 인적 요소로서의 주민, 법제적 요소로서의 자치권

- **유사개념**
  a. 지방행정기관: 국가(또는 지방자치단체)의 공공사무를 지역적으로 분담·처리하기 위하여 현지에 설치된 국가(또는 지방자치단체)의 하급기관으로서의 행정기관
  b. 일반지방행정기관: 국가(또는 지방자치단체)의 관할구역 안에서 시행되는 공공사무(특별지방행정기관의 소관 사무 제외)를 종합

적으로 처리하며, 국가(또는 지방자치단체)의 일반적인 지휘·감
독을 받는 지방행정기관

c. 특별지방행정기관: 국가 또는 지방자치단체의 특정한 행정부서에
소속되어 특수한 전문분야의 행정사무를 처리하는 지방행정기관.
일명 일선기관(field office).

(2) 지방자치단체의 특성

- **법인:** 독자적인 의사와 권리·의무의 주체인 법인 국가와 별개의
법률적인 당사자능력을 가지며 독자성을 가짐(권리 의무의 주체)

- **공법인(공공단체):** 공공사무를 처리하기 위하여 법률에 의하여 설립
(사법인과 구분) 그 운영에 관한 사항이 모두 법률에 의해 규제된다.

- **지역단체:** 일정한 지역 안의 사항을 처리하기 위하여 설립되는 단체

- **자치권:** 일정한 지역 안의 사람과 사물에 대하여 지배권 내지 통치
권을 갖는다. 국가로부터 통치권의 일부를 부여받아 구역 안에서
포괄적 지배권 행사

2) 지방자치단체의 종류

(1) 일반(보통)지방자치단체

- **개념:** 해당지역 안에서 종합적이고 일반적인 자치기능을 수행하는

지방자치단체

- **특별시:** 정부 직할에 있되, 일정한 범위에서 특별한 지위를 갖는 지방자치단체
  - 1946년 특별시 승격
  - 1962년 "서울특별시 행정에 관한 특별조치법"으로 국무총리 일반적 감독기관
  - 1991년 "서울시 행정특례에 관한 법률"로 행자부 장관 감독기관화

- **광역시:** 대도시 가운데 법률에 의해 '도'로부터 분리되어 '도'와 동격의 지위를 갖는 지방자치단체
  - 1962(3)년 "부산시 정부직할에 관한 법률" 시작
  - 81년 대구 및 인천시, 86년 광주, 89년 대전, 97년 울산시
  - 1995년 직할시에서 광역시로 명칭 변경

- **도:** 고려 초기부터 명칭사용, 1930년 일제시대 도제에 의해 법인격 부여.
  - 상급 자치단체, 2차적 자치단체, 중간 자치단체, 광역자치단체
  - * 지역주민 생활권이 아닌 국가의 행정적 편의가 작용

- **시:** 5만 이상의 도시지역 기초지방자치단체
  - 50만 이상의 시는 특별한 지위(지방자치법 제3조 3항, 제10조 2항)
  - 1995년 시군을 통합한 도농복합형태의 시 발족(이유?)

- **군:** 농촌지역의 기초지방자치단체

- 1961년 읍면자치제의 개편으로 자치단체 법인격 부여

• **자치구**: 특별시, 광역시 구역 안의 기조 지방자치단체

(2) 특별지방자치단체

• **개념**: 그 구역이나 권능 및 조직 등이 특수하고, 그 존재가 보편적
이지 않은 지방자치단체
- 특정한 목적을 수행하거나 특수한 행정사무를 처리하기 위하여
- 또는 행정사무의 공동처리를 위하여 설치되는 자치단체
* 프랑스의 시읍면조합, 특별구, 도시공동체
* 독일의 시읍면조합
* 미국의 특별구(교육구, 위생구, 소방구, 급수구)
* 북한의 노동자구?

• 설치이유
- 특별한 행정사무를 지역주민에게 편리하고 효율적으로 수행하기
위해 별도구역이 필요
- 오랜 역사를 가진 일반자치단체가 새로운 특정의 행정사무를 효
율적으로 처리하지 못함
- 특정사무(예: 교육 등)의 수행을 정치적 투쟁으로부터 보호하기
위해

• **쟁점(문제점)**
- 난립 시 지방제도의 혼합시

　　할거주의 팽배

　　책임소재의 불명확

　　행정의 특수당사자와 밀착화 문제

- **한국의 특별지방자치단체(지방자치단체조합)**
  - 지방자치단체의 하나 또는 둘 이상의 사무를 여러 자치단체가 공동으로 처리하기 위하여 지방자치단체 간 합의에 의해 설립되는 법인 단체
  - 일부사무조합과 복합(전부)사무조합

3) 지방자치단체의 계층구조

(1) 계층구조의 개념

* 업무에 따라 좁은 지역과 넓은 지역 단위로 구분됨. 이때 좁은 지역은 넓은 지역에 포함됨에 따라 상급단체 또는 상급기관과 하급단체 또는 하급기관의 계층관계 형성

- **행정계층:** 지역행정기관 간의 상하 수직적인 지휘·복종관계 체계
- **자치계층:** 지방자치단체 간의 상하관계의 체계
  * 지방자치단체는 법적으로 독립된 대등한 지위에 있으나
  - 국가사무 위임처리에 있어서 상급감독기관의 지시와 통제에 의한 상하관계 성립
  - 자치사무에서 위법 부당한 경우 감독기관이 취소 또는 정지하는 관계에서의 상하관계

(2) 중층구조와 단층구조

• **단층구조**: 자치계층이 하나밖에 없는 경우
  * 장점 - 2중 행정과 2중 감독 폐단방지 및 신속한 행정 도모
    - 행정수행의 낭비제거 및 능률 증진
    - 행정책임의 명확화
    - 기초자치단체의 자치권과 특수성 존중
    - 신속 정확한 상하의사 소통
  * 단점 - 국토가 넓고 인구가 많은 나라에는 적용 곤란
    - 중앙정부의 직접적인 지시감독에서 자치단체 보호 곤란
    - 광역행정사무 처리에 부적합

• **중층구조**: 자치계층이 둘 이상 있는 경우(대륙계의 영향을 받은 국
              가에 많음)
  * 광역자치단체 - 중간 자치단체 - 기초 자치단체
  * 중층구조 채택이유
  - 역사적 이유: 근린사회의 존중
  - 자치기능의 분업적 수행: 일상생활 관련업무와 광역적 업무
  - 국가와 기초자치단체 간의 원활한 중개역할
  * 장점 - 광역과 기초 간 분업적 행정기능 수행
    - 기초가 본연의 기능을 못할 때 광역이 보완
    - 국가의 감독기능 유지
    - 민주주의 원리 확산
  * 단점 - 각 계층 간 분업의 한계 불명확
    - 중복행정, 중복감독 현상 초래

- 업무수행 지연되어 비능률화 초래
- 의사전달의 지연, 왜곡

(3) 광역자치단체와 기초 자치단체

- **기초 자치단체**
  - 주민의 일상생활과 가장 밀접해 있는 자치단체
  - 접촉과 경험의 공유 통한 우리의식에 기반을 둔 공통문제 해결에는 소규모 자치단체 요구
  - 지방적 사무에서 특별한 제한적 조치가 없는 한 기초자치단체의 권한에 속함

- **광역자치단체**
  - 기초자치단체의 기능 보완
  - 국가와 기초자치단체 연계
  * 존립의의(수행기능)
  - 광역행정기능
  - 보완대행기능
  - 연락조정기능
  - 지도감독기능

4) 지방자치단체와 국가행정기관

(1) 지방자치단체와 지방행정기관

- **지방행정기관**: 국가(지방자치단체)의 행정사무를 지역적으로 분담·

처리하기 위하여 현지에 설치된 하급행정기관

- **필요성**
  - 국가(지방자치단체)가 전국을 직접 통괄해 정책, 방침, 계획을 수립·집행함에 능력 한계
  - 정책·방침·계획의 수립·결정·조정과 집행기능의 분담
  - 정책·방침의 지역특수성에 따른 수행

  (2) 지방자치단체와 보통지방행정기관

- **보통지방행정기관**: 국가나 지방자치단체의 특정 행정부서에 소속하지 않고 해당지역의 일반 행정사무를 종합적으로 처리하고, 일반적 지휘, 감독을 받는 기관

- **유형**
  - 보통지방자치단체의 집행기관(자치단체장)
  * 중앙정부나 상급자치단체의 사무위임 수행 시는 그의 지방행정기관 위치
  - 자치단체의 집행기관과 하급행정기관의 이중적 지위
  - 국가(지방자치단체)의 하급행정기관: 구청장, 읍면장, 동장, 이장 등

  (3) 지방자치단체와 특별지방행정기관

- **특별지방행정기관(일선기관)**: 특정한 중앙행정기관에 소속되어, 중앙행정기관의 권한에 속하는 행정사무를 관장하는 중앙정부의 지방

행정기관
- 전국적 통일성 요구
- 전문성과 특수성 요구 시 설치
* 중앙부처의 할거주의도 일익

- **유형**
  - 중앙정부소속 특별지방행정기관: 근로, 조세, 공안, 현업, 일반 등 1992년 7,675개
  * 지방행정 종합성 상실, 지방행정의 민주성 상실
  - 지방자치단체소속 특별지방행정기관: 교육위원회, 교육장, 교육감, 소방본부장 등
  * 계층구조와 지도·감독관계
  * 계층구조와 지방자치제 개편(계층의 수?)
  * 계층구조와 지방자치제 개편(자치단체의 수준, 도시지역의 자치단체/구)

VI. 지방자치단체의 관할구역

1) 행정구역과 자치구역

- **구역의 개념**: 일정한 목적을 달성하기 위하여 일정한 기준에 따라 국토공간을 구분하여 놓은 지리적 경계
  * 법적 의미: 일정한 공공의 기관 또는 단체의 관할권이 미치는 지역적 범위

- **자치구역:** 지방자치단체의 통치권 또는 자치권이 미치는 지역적 범위

- **행정구역:** 국가 또는 지방자치단체가 행정상의 편의를 위해 지방에 설정하는 지역단위
  * 자치구역과 행정구역의 차이 - ex) 행정 동과 법정 동

- **구역의 성격**
  - 기능의 문제와 밀접히 결합: 수행기능과 성격에 따라 범위 달라짐
  - 지방자치단체의 계층구조와 관계
  * 계층 수는 줄이고 구역은 넓어지는 현대적 경향

2) 자치단체의 구역설정기준

(1) 구역설정기준에 관한 학설

- V. D. Lipman
  - 일반적이며 양적인 척도를 적용하여 유사한 면적이나 인구구역 확보
  - 지리적 고려, 산업분포, 경제생활의 전국적인 권역, 전통적 구성 및 인구의 역사적 집단 등에 기초해야 하고 생활영역의 다른 분야도 적용
  - 중요한 도시의 영향을 받을 수 있는 지대로 또는 기초적 자치단체에 있어서는 경제적·사회적 생활의 지방별 중심지를 근거로 구역 평준화

- A. C. Millspaugh
  - 공동사회: 지방성을 가지고 지역적 범위를 정할 수 있는 인구집

단, 아래 중 최소 하나 이상 충족해야 함

① 지리적인 한계를 정할 수 있을 것, ② 인간적인 면식관계가 있을 것, ③ 심리적 동질성이 있을 것, ④ 공통의 이상이 있을 것, ⑤ 지적·정서적으로 초점이 맞을 것, ⑥ 경제적 연대성이 있을 것, ⑦ 경제적 자족성이 있을 것, ⑧ 경제적 상호의존성이 있을 것, ⑨ 경제적인 상호연관성을 가질 것, ⑩ 공통의 정치제도를 가지고 있을 것

- 행정단위: 능률행정을 위한 충분한 행정량과 적정규모의 인구 포함. 즉 주민이 요구하는 행정수요를 충족시킴에 있어 최소의 경비로 최대의 행정효과를 올릴 수 있는 구역
- 자주적 재원조달단위: 자치단체 수입으로 재정수요 충당
- 행정편의에 따르는 구역: 행정기관 접근이 용이하고 행정처리가 편리

- J. W. Fesler
  - 자연적·지리적 조건
  - 능률적 행정수행 위한 적정규모
  - 자주재원 조달능력
  - 효과적 주민통제

- **영국 지방자치위원회**
  - 공통의 이해관계를 가진 공동사회
  - 발전 또는 장래의 발전성
  - 경제적·산업적 특징
  - 재정수요와의 관계하에서 측정된 재원
  - 물 지적 특성, 특히 적절한 경제권, 교통·통신수단, 행정중심지, 상업 및 사회생활중심지에의 접근성
  - 인구의 규모, 분산 및 특성

- 지방행정기관의 행정실적
- 구역의 규모와 형태
- 주민의 소망

- **和田英夫**
  - 지리적 조건: 산맥, 하천, 해안선 등
  - 면적·인구·재정능력
  - 사회·경제적 권역: 사회·경제적 공동생활권
  - 교통·통신수단의 발달단계
  - 행정의 능률성과 민주통제

* **의견의 종합**
  - 공동사회: 주민의 공통적 가치와 공동체의식 바탕을 둔 응집성
  - 능률성
  - 자주적 재원조달능력
  - 편의성
  - 주민통제

(2) 구역설정기준

- **광역자치단체**
  - 기초자치단체의 행정기능의 효율적 조정가능구역
  - 효율적 지역개발이 가능한 지역적 범위
  - 도시 및 농촌기능의 동시적·효율적 수행가능구역
  - 기초자치단체 보완기능의 효율적 수행가능구역

- **기초자치단체**
  - 공동사회와 공동생활권의 확대라는 상반된 요구의 조화
  - 민주성과 능률성의 조화
  - 재정수요와 재원조달능력의 균형
  - 행정편의와 주민편의의 조화

3) 지방자치단체의 구역개편

- **필요성** - 자치단체 간 구역격차의 완화
  - 구역구조 변경
  - 도시화 현상
  - 개발권 요청
  - 행정전문화 및 기술화

- **구역개편의 유형**
  - 경계변경
  - 폐치분합: 폐지, 신설, 분립, 합병
  * 지방자치단체 법인격 변화 의미
  - 구역의 적정화
  - 규모재편(구역의 재구획)

  * 한국의 도농통합 시

Ⅶ. 지방자치단체와 주민

1) 주민의 권리와 의무

* 주민이란 지방자치단체의 인적 구성요소로 그 안에 주소를 두고
  있는 자(지방자치법 제12조)

지방자치단체의 주권자 내지 주인: 대표자 선출 자치단체 운영하는
주체(grass-roots democracy)

외국인이나 법인까지 인정하는 것이 현 추세

지방행정서비스 전달대상으로서의 주민(특히 주소지는 다르나 주간
에 생활하는 도시지역)

(1) 주민의 법적 지위

- 자치권의 주체로서의 지위: '주민은 그 지방자치단체에서 실시하
  는 지방의원 및 단체장의 선거에 참여할 권리를 가진다.'(자치법
  제13조 2항)
- 지방자치단체의 최고기관(선거)으로서의 지위: 정치적 행동통일
  체로 조직, 선임기관
- 권리·의무의 대상으로서의 지위

(2) 주민의 권리: 지방자치법상

- **선거권:** 20세 이상 주민은 지방의원 및 단체장선거

- **피선거권:** 90일 이상 관할구역에 거주(주민등록), 25세 이상, 일정한 법적 요건 갖추면 지방의원이나 단체장으로 선거(출마)

- **자치단체 재산과 공공시설 이용권**

- **균등한 행정서비스를 받을 권리**

- **주민투표권:** 자치단체 존립의 중요한 사안에 대한 주민투표에 참여
  예) 폐치·분합, 주민에게 과도한 부담을 주거나 중대한 영향을 미치는 주요결정사항 회부

- **청원권:** 지방의원의 소개 얻어 청원

- **조례제정 및 개폐청구권**

- **감사청구권**

  (3) 주민의 의무

  - 조례 및 규칙의 준수
  - 법령이 정하는 바에 의하여 소속자치단체의 비용 분담(지방세, 사용료·수수료 납부)
  - 조례나 규칙 위반이나 부정한 방법으로 사용료나 수수료 면하였을 때 과태료 납부

2) 주민에 대한 지방자치단체의 책임

- **의의:** 공익 증진 및 주민에 봉사기능 수행 시 주민의사에 반하지 않고 일정한 행위기준에 따라 행동·활동할 의무(행위기준: 공익, 법령, 주민의 기대)

  ### (1) 행정책임의 내용

- **도의적 책임과 법적 책임**

- **합법성 책임과 재량성 책임**
  - 행정활동이 법규에 위배되지 않을 책임
  - 행정활동이 공익에 위배되지 않을 책임(법령 규정이 없을 때 재량이 공익에 근거해야 함. 특히 가치판단과 정책결정 시 특히 중요)

- **정치적 책임과 직업적 책임**
  - 주민의 의사에 충실히 대응했는가 하는 가치적 차원의 책임(민주적 책임)
  - 공무원이 전문직업인으로서 직업윤리에 따라 주어진 직책 충실히 수행했나 하는 기술적 차원의 책임(목적적 책임)

  ### (2) 행정책임의 중요성 및 기준

- **중요성:** 자치행정기능의 복잡, 고도화로 자치행정재량권이 확대되고 행정권 남용 가능성 행정권 남용의 방지(외적 통제와 주민통제)

- **행정책임의 기준**
  - 법령규정 시: 규정이 기준(절차와 목적 동시에 고려)
  - 법령에 규정이 없을 때: 공익, 직업윤리·기술성, 수혜자집단의 요구

3) 주민의 자치의식과 참여

* 지역공동체의식과 행정참여의식

(1) 지역공동체의식

- **지역공동체의식의 의의**
  - 공동사회(Gemeinschaft), 공동체(Community)
  - 지역사회공동체: 공동지역, 공동생활, 공동문화 속에서 그들만의 문화 형성(공동체의식)
  * 대학문화, 행정문화와 비교

(2) 행정참여의식: 주민차지와 참정권

* 자치권이 주민에게 있고 모든 지방통치 권력의 원천이 주민의 직접참정 내지 직접통제로 실현(그러나 간접민주주의/참정제)
* **주민참여:** 특정지역의 주민들이 자기들에게 영향을 미치는 정책결정에 참여하는 행위. 주민들이 행정기관이나 관료들의 정책결정과정에 주체의식을 갖고 참여하여 투입기능을 수행하는 행위.

4) 지방자치와 주민참여

• **주민참여의 요소**
  - 참여주체가 지역사회 구성원인 비엘리트 주민
  - 정책이나 계획의 결정
  - 다른 사람으로 하여금 생각 및 행동하게 하는 능력, 즉 권력
  - 결정권한이 부여된 사람에게 하는 행위
  - 영향력을 미칠 의도로 하는 행위

• **주민참여의 필요성**
  - 간접민주제의 보완
  - 교육평준화, 소득수준 향상, 산업화와 도시화에 의한 의식구조 변화와 참여필요성 증가
  - 요구에 따르는 책임감 분담(주민도) 인식시킴, 참여 통한 주민들의 이견 조정
  - 전문 관료에 의한 지배 견제와 방지
  - 참여를 통해 이해와 협력, 지원의 역할(예: 환경 공해문제, 소각장, 행정의 어려움)
  - 지역개발에 대한 협력 유도(특히 지역개발 요구→ 수혜자와 피해자→ 양자의 갈등 해결 위해 참여와 함께 피해자 이해의 장 확대 → 이익의 배분)

• **주민 참여의 기능 Ⅰ: 행정관리적 기능**
  - 정보기능: 정보공표와 정보수집
  - 주민에의 접근기능: 교호작용, 주창자 & 반응자/행정과 주민의

상호협조 제고
  - 주민의 이해 및 이견의 조정기능: 상호 이해 증진
  - 결정에 대한 관여기능: 주민지지 확보

- **주민참여의 기능 Ⅱ: 정치적 기능**
  - 직접민주주의의 보완기능: 직접민주주의의 실현
  - 책임기능: 행정서비스에 대한 만족 및 이행 정도 평가
  - 자치행정의 독선화 방지

- **순기능**
  소외되고 무력해진 현대인의 심리욕구 충족과 주체성 회복
  행정과정에서 나타날 수 있는 주민의 권리나 재산상의 침해 방지
  자치단체의 행정실태 파악
  주민의식 성숙과 사회적·정치적 능력 향상 － 이상 주민입장
  - 지방정책, 계획 집행 시 주민의 지지와 협조 획득
  - 자치단체와 주민거리 단축되고 책임분담 가능
  - 행정수요 파악

- **역기능**
  - 많은 시간과 노력 요구, 집행 지연 우려
  - 미국의 경우 가난한 자의 참여가 행정비능률 초래
  가난한 주민의 참여로 기대수준 높아지나 실천에는 한계로 인해 실
망감 줌
  협력과 저항의 양면성이 존재하며 민중조작의 위험성
  적극참여자에 의한 공정성 침해(참여자들의 특성)

Ⅷ. 지방자치단체의 자치권

1) 자치권 의의

(1) 자치권의 개념

- 헌법 제117조 1항: "지방자치단체는 주민의 복리에 관한 사무를 처리하고 재산을 관리하며 법령의 범위 안에서 자치에 관한 규정을 제정할 수 있다"

- **자치권의 개념에 관한 논의**
  - 최창호: 지방자치단체가 그 존립목적을 실현하기 위하여 가지는 일정한 범위의 권능
  - 김보현, 김용래: 헌법 기타의 국법이 인정한 일정한 범위 내의 독자적 권리
  - 이계탁: 법인격을 가진 지역적인 통치단체로서 지방자치단체가 그 구역의 주민을 지배하고 그 관할사무를 자기의 창의와 책임하에 처리할 수 있는 법률적 능력

(2) 자치권의 특성

- 국법 등이 "인정한 범위"라는 한계성: 국가가 부여한 권리
- "독자적 권리"라는 자주성: 지방자치단체의 독자적 권리

(3) 자치권에 대한 학설

- **고유권설(지방권설):** 지역주민이 보유하고 있는 고유의 권리
  - 지방자치단체가 고유의 인격과 지배권을 가짐: 인간의 천부인권 설과 상통
  - 따라서 국가권력은 이를 승인할 뿐 창조할 수 없음
  - 지방자치단체의 소국가적 성격
  - 자치권은 국가의 의사와 상관없이 자치단체의 고유의 것
  - 통일국가형성 이전에 이미 지역단체 존재
  - 18~19세기 전제주의적 관료국가 부정의 항거적 의미
  - 오늘날 지방분권적으로 접근

- **전래설:** 국가로부터 전래된 권리
  - 지방자치단체는 국가의 창조물이며 자치권은 국가로부터 전래된 것
  - 국가성립 이전에 지방자치단체가 존재했으나, 주권 통일국가 성립으로 자치단체가 이에 포함된 이상 독립존재 인정 불가
  - 자치권은 국정수행 과정에서의 편의에 의해 위양할 때 비로소 가능. 따라서 지방자치단체의 모든 행정사무는 고유사무가 아니라 국가행정의 일부: 국가의 감독

- **제도적 보장설:** 헌법에 보장된 권리로 다른 입법으로 변경 안 됨
  - 국가통제 범위 안에 있더라도 일정범위 자율성 인정
  - 지방자치단체의 존립 보장이 아닌 제도의 일반적 보장 의미

(4) 자치권의 종류

- 자치입법권
- 자치행정권: 자치조직권, 자치재정권, 자치운영권
- 자치사법권

2) 자치입법권

- **의의:** 지방자치단체가 자치권에 기초하여 스스로 법규를 정립할 수 있는 권리
    - 헌법 제117조1항의 규정
    * 자치단체 관할구역 안에서만 효력: 국가법과 구별(자주법 or 지방법)

(1) 조례

- **개념:** 지자체가 법령의 범위 안에서 그 권한 내의 사무에 대해 지방의회의 의결로 제정하는 법(지방자치법 제15조, 제35조)

- **분류**
    - 효력기준: 주민의 권리와 의무에 관한 조례 vs 내부조직이나 운영에 관한 조례
    - 제정권한 기준: 법령위임(위임조례) vs 자치단체 직권(직권조례)
    - 제정의무 기준: 의무조례 vs 임의조례
    - 규정사항 기준: 필수조례 vs 선택조례

- **조례규정사항**
  - * 지방자치의 역사에 따른 범위의 광협 존재
  - − 주민의 권리제한, 의무부과에 관한 사항(벌칙, 과태료 등)
  - − 능력적 규정에 속하는 사항
  - − 지방의회의 의결을 거침으로써 민의를 반영시킬 필요가 있는 사항(자치법 제4조 2항)
  - − 법령에 의하여 조례로 규정하도록 위임한 사항

- **조례제정절차**
  - − 발의: 자치단체장이나 지방의회 재적의원 1/5 이상 또는 10인 이상의 연서(지자법 제58조)
  - * 위원회는 그 소관사항에 관해 가능
  - − 의결: 재적의원 과반수 출석과 출석의원 과반수 찬성(지자법 제56조)
  - * 가부 동수일 때는 폐기
  - − 이송: 의장은 의결 5일 이내 단체장에 이송(법 제19조 1항), 단체장은 5일 이내에 감독기관에 보고(법 제19조 2항), 20일 이내에 공포(법 제19조 2항)
  - * 이의 시에는 같은 기간 내 이유 붙여 의회로 재의 요구. 다만 조례안의 일부에 대해 또는 수정하여 재의요구 불가(법 제19조 3항): 상급기관에 의한 재의요구도 존재(법령위반이나 공익 현저히 저해 시)
  - * 재의에 대해서는 재적 과반수와 출석 2/3로 의결하여 확정(법 제19조 4항, 159조 2항): 2/3 찬성 얻지 못하면 폐기
  - − 재의결 사항이 법령에 위반된다고 판단될 시에는 광역은 행자부

장관, 기초장은 광역장 승인을 얻어 재의결 날로부터 15일 이내
에 대법원에 소 제기(법 제98조 3항)
- 기간 내 공포 또는 제의요구 없으면 조례로서 확정됨(법 제19조 5항)
- 공포 또는 재의요구기간 경과 그리고 재의결 시에는 단체장은
  지체 없이 이를 공포해야 함
- 단체장 공포가 없거나 재의 후 5일 후에도 공포가 없으면 의장이
  공포(법 제19조 6항): 국민의 권리, 의무 이해관계 고려 필요성
* 효력은 시행기일에 준함(없으면 공포일로부터 20일 후)

• **조례의 한계**
  - 법령에 위반되지 않아야 함(헌법 제117조 1항, 지자법 제15조):
    위반 시 감독관청 지시에 의한 재의요구 자치단체장 재소에 의
    한 대법원 판결로 무효(지자법 제159조)
  - 자치단체 사무에 관한 것이어야 함(지방의회 관여가 가능한 자
    치사무와 단체위임사무)
  * 기관위임사무 포함 안 됨
  - 기초조례는 광역조례에 위반되지 않아야 함(지자법 제17조)
  * 단체위임 형식의 자치사무에 대한 조례 제정 시 해당
  - 주민의 권리와 의무 부과에 관한 사항은 법률 위임 있어야 함
    (지자법 제15조 단서)

  (2) 규칙

• **개념**: 법령과 조례의 범위 안에서 집행기관의 장이 그 권한에 속하는
  사무에 대하여 정하는 것(지자법 제16조)

- **규정사항**
  - 단체장의 권한에 속하는 사무(자치사무, 단체위임사무, 기관위임 사무 포함)
  - 자치단체 사무(자치, 단체위임)에 대해서는 법령이 조례사항으로 지정한 것과, 의회 권한에 속하는 사항을 제외하고 주민의 권리 와 의무에 관한 사항이 아닌 한 모든 사항 정하는 것 가능
  - 조례가 규칙에 위임한 사항, 조례 실시를 위하여 필요한 사항

- **규칙의 종류**
  - 주민의 권리 또는 자유를 제한하는 규칙
  - 자치단체 내부조직이나 사무처리에 관한 규칙
  - 개개의 행정내용에 관한 규칙

- **제정 및 공포**
  - 공포예정 15일 전에 감독기관에 보고 후 공포(지자법 제21조)
  * 경우에 따라 승인을 요하는 경우도 있음
  - 특별한 규정이 없는 한 공포 후 20일 효력 발생(19조 7항)

- **규칙의 한계**
  - 법칙 규정하지 못함
  - 상급 단체의 조례나 규칙에 위반되지 않아야 함
  - 법령이나 조례의 개별적 위임 없이는 주민의 권리제한이나 의무 부과 사항 규정 못한다.

(3) 조례와 규칙의 관계와 효력

* **양자의 관계**: 규칙은 조례에 위반되어서는 안 됨
  * 규정사항 구분해놓고 있음

  조례: 주민권리 제한, 주민에게 재정적 부담 부과, 공공시설 설치

  규칙: 집행기관 직제, 단체장 전권사항, 기관위임사무 처리에 관한 사항
  * 조례사항을 규칙이 규칙사항을 조례로 규정하면 무효
  * 그 외의 사안(일반사안)에서는 효력의 우열이 없음. 다만 양자내용 저촉 시와 규칙이 세부사항에 관계될 때는 조례 우선
* **시간한계**
* **지역적 대인한계**

3) 자치행정권

* **자치행정권의 의의**: 지자체가 자기의 독자적 사무를 중앙이나 상급 자치단체의 간섭을 받지 않고 자주적으로 처리할 수 있는 권한
  * 헌법 제117조: 지자체는 주민의 권리에 관한 사무를 처리하고
  * 자치행정권의 범위: 앞 자치권의 범위에서 설명

* **자치행정권의 범위**
  - 영, 미 등 주민자치의 국가에서는 자치사무가 기준이 되며, 극히 예외적으로 국가의 위임으로 처리하므로 자치행정권의 범위가 극히 넓음.
  - 지자제가 발전하지 못한 국가에서는 국가사무의 비중과 중앙의 간섭이 많아 자치행정권의 범위가 좁음.
  * 자치행정권의 범위에 관한 논의: 자치단체가 독자적으로 처리할

수 있는 사무의 범위를 자치사무에만 한정할 것인가 또는 단체위
임사무도 포함할 것인가에 대한 논의

협의: 자치사무에 한정

광의: 지방의회 관여사무 포함 단체위임사무까지 포함

* 기관위임사무에 대한 의견: 구역 내 주민의 이해와 관계되는 복
  리사무라도 전 국민적, 전 국가적 중요성이 있는 기관위임사무는
  자치행정권에서 제외

• **자치행정권의 내용**
  - 20세기 초까지는 보호적 성격의 서비스
  - 복지국가의 이념 대두와 함께 복지사무까지 포함: 주민 권리제
    한이나 의무부과 같은 권력 작용보다는 주민에게 서비스를 제공
    하는 비권력적 작용으로 중점을 옮김
  - 일반적으로 존립에 관한 사무, 구역 내 지방적 사무, 주민복리에
    관한 사무가 기본

  (1) 권력적 내용

주민안전, 사회경제질서 유지, 생활환경 정비를 위하여 주민에게 명
령 및 강제하는 권능
  - 주민안전 위해 소방, 교육, 교통 분야의 통제
  - 경제 및 사회질서 유지 위해 물가안정, 양곡관리, 공정거래, 근무
    조건, 위생 및 건강 분야 규제
  - 환경정비 위해 국토이용, 건설, 도시 및 지역계획, 환경오염방지
    관련 공공제한, 공공수용, 공용환지, 행정부작위 명령

(2) 비권력적 작용

적극적 서비스 제공
- 초등학교, 중·고등학교, 공원, 녹지, 상하수도, 운동장, 도서관
  등 공공시설 관리
- 산업, 문화의 진흥 및 주민의 생활안정을 위하여 민간의 기업활
  동 및 문화활동에 대해 지금지원 및 장려 조장
- 공적 부조, 사회보험, 보건·위생·교육·주택·근로 등 사회개발
  및 사회복지행정 수행

4) 자치조직권

(1) 자치조직권의 의의

- **자치조직권의 의의**: 지자체가 자치행정의 실시를 위하여 자기조직을
  국가의 관여에서 벗어나 자주적으로 결정하는 권능
  * 지역실정에 적합하고 지역특성 확보

- **근거**: 헌법 제118조 2항 "지방의회의 조직, 의원선거, 자치단체장
  선임방법, 자치단체의 조직과 운영에 관한 사항은 법률로 정한다."
  에 의해 지방자치법으로 자치조직권 부여
  * 지방자치단체 조직 대강은 자치법에 의함
  * 그 세목은 자치단체 규모나 실정에 따라 조례나 규칙으로 정함

(2) 자치조직권의 범위와 내용

* 지방자치의 모형이나 역사적 발전에 따라 다양

- **미국**: 자치헌장이나 선택헌장에 의해 자주적으로 조직하도록 되어 있어 자치조직권이 넓게 확보.
  공무원 정원·보수와 모든 공무원의 선임에 대해서도 폭넓은 자주결정권 인정

- **영국**: 모든 자치단체가 기관통합주의를 채택하여 기본조직구조는 전국적으로 통일, 의회의원의 정수, 의회상임위원회의 종류, 사무부국의 기구, 공무원의 정원·인사·급여 등에 관하여 완전한 자주결정권 인정

- **프랑스**: 자치단체 기관자기선임권 많은 제약/제약된 자치조직권
  자치단체장과 주요 간부직원을 국가공무원의 채용
  자치단체의 특정직원 및 위원의 임명에 내무부 장관 승인 요하거나 임명

- **한국**: 실정법상으로는 지방 실정에 맞는 조직편성의 자치조직권 소유 그러나 자치단체의 행정기구·공무원 등에 관한 사항은 법률이나 대통령령으로 정하도록 되어 있어(자치법 제101-107조) 자치권의 폭이 한정
  - 광역의 국실단위 이상 기구는 법령에 의하여 중앙정부가 결정과 이하의 조직과 시·군·자치구의 행정기구만 규칙으로 정함(이때 행자부 장관의 승인)

- 지방공무원 정원은 행자부 장관 승인 아래 정하도록 되어 있음.
- 광역의 과장급 이상, 기초의 상층공무원 국가공무원으로 배치하고, 인사권을 중앙정부가 행사 자치조직권 협소

- **자치조직권의 내용**
  - 조례규정사항: 지방의회 위원회 설치, 소방기관, 교육훈련기관, 보건진료기관, 시험연구 기관 및 중소기업 지도기관의 설치, 사업소 및 출장소의 설치, 위원회 등 합의제 행정기관의 설치
  - 규칙제정사항: 지방자치단체에 배치하는 지방공무원 정원, 기초단체의 행정기구, 부기초단체장의 직급
  * 지방자치단체 공무원의 지방공무원화 문제: 인사권 보장
    : 부시장과 부지사의 지방공무원화 문제
  * 부단체자치장제도: 자치단체장과 런닝메이트

5) 자치재정권

- **의의:** 자치단체 행정수행에 필요한 경비충당을 위한 재원조달과 관리 권능
  * 지방자치 실질적 보장요건

- **재정 권력적 기능:** 재원을 취득하기 위하여 자치권에 입각, 주민에게 명령하고 강제하는 권능
  - 지방세의 부과·징수권
  - 사용료, 수수료, 분담금 등의 부과·징수권
  - 재정상의 체납에 대하여 강제집행과 재정범에 대한 재정벌

* 자주과세권과 법정외세제도

→ 조세법률주의: 조세종목, 세율 법률로 정한다.

→ 자주과세는 지방세의 세목, 과세객체, 과세표준, 세율, 기타 부과
  및 징수 부과하므로 법정외세제도

- **재정 관리적 기능:** 재산을 관리하고 예산을 편성하며 이를 집행하고
  경리하는 권능 재산 및 수입·지출의 관리 작용
  - 예산의 독자적 편성권
  - 독자적 기채권
  - 재산 및 수지의 독자적 관리기능
  - 기본재산의 설치 또는 기금의 적립권

3. 지역이기주의 해결을 통한 지방자치발전

1) 문제의 제기

우리나라는 그동안의 지속적인 경제발전을 통해 신화적인 경제의
발전을 이룩할 수 있었다. 그러나 이런 무조건적인 양적 발전의 추구
는 경제발전의 지역적 편중이라는 문제점을 야기했고 이런 지역적 편
중을 통한 여러 문제점을 해결하기 위해 정부는 95년 자치단체장 직
선에 의한 본격적인 지방자치를 실시해 왔다. 그러나 이런 지방자치가
모든 문제 해결의 만병통치약은 될 수 없다. 즉 이런 좋은 제도를 잘
못 이용했을 때는 오히려 폐해가 될 수 있는 것이다.

지방화시대의 진전은 동시에 지방정부의 위상 강화를 수반하게 되

며, 이러한 과정에서 중앙정부와 지자체 간 또는 지자체들 간의 갈등이 전개될 가능성도 높아질 수밖에 없다. 이런 갈등은 발전의 요인이 될 수도 있지만 지나쳐서 여과·조정되지 않고 대립과 갈등으로만 치닫게 된다면 국가적 에너지의 낭비와 국가 발전의 걸림돌이 될 수 있는 것이다. 중앙정부의 정책조정 능력이 상대적으로 약화되면서 중앙과 지방의 업무조정이 원활하게 이루어지지 않을 수 있으며, 자치단체의 이해관계에 따라 중앙정부가 추진하는 사업이 보류되거나 차질을 빚을 수도 있는 것이다.

쓰레기소각장이나 원자력발전소, 방사성폐기물처리장 등 비선호시설의 입지선정 문제를 둘러싼 분쟁에서 볼 수 있듯이, 자기 지역에 공해유발 또는 환경오염시설이 들어오는 것을 반대하는 님비 현상은 지방자치제 실시 이후 점점 더 빈번하게 발생하고 있다. 지역 간 갈등의 조정 및 해결을 위한 사회시스템이 부재한 상황에서, 지방자치의 발전과 주민의 참여의식 증대, 환경운동의 성장 등이 님비 현상과 관련된 갈등을 더 한층 격화시키는 요인들로 작용하고 있는 것이다.

2) 지역이기주의의 정의

(1) 지역이기주의란?

지역이기주의란, 이기성을 보이는 이익적 요구의 주체와 해당 정책문제의 처리주체가 누구이냐에 따라 대체로 3가지 형태로 유형화할 수 있다. ① 주민과 지방자치단체 및 중앙정부 간의 갈등, ② 지방자치단체와 중앙정부 간의 갈등, ③ 지방자치단체 간의 갈등이 그것이다. 한국에서도 지방의회가 부활되면서 지방의회를 중심으로 지방자치단체가 중앙정부나 다른 지방자치단체를 상대로 갈등을 유발하는 경우가 증가하고 있고, 자치단체가 지역주민과 연계하여 집단 이기적 요구를 하는 경우도 발생하고 있다. 자치권의 확대와 함께 이러한 양상이 더욱 증가할 전망이다. 지역이기주의의 발생원인으로는 정치와 행정에 대한 불신과 상호 의사전달 체계의 부재, 정책담당자의 조정능력 미비, 주민의 지나친 이기심 등을 지적할 수 있다. 아울러 공동체 의식의 약화나 정치권력의 통제성 약화 등의 거시적 환경요인들도 지적될 수 있다. 이러한 지역이기주의는 LULU(Locally Unwanted Land Use: 지방자치단체의 원치 않는 토지이용이라는 뜻으로 혐오시설의 설치 등), PIMBY(Please In My Back Yard)와 YIMBY(Yes In My Back Yard: 자기지역에 유리한 시설을 설치해 달라는 것으로 님비의 반대 개념), NIMBY(Not In Anybody's Back Yard: 위험·혐오시설을 자기 지역뿐만 아니고 어느 지역에도 입지시킬 수 없다는 가장 강력한 님비현상), NIMTOO(Not In My Term Of Office: 지방자치단체의 단체장들이 적극적인 문제해결을 기피하여 소위 자기의 재임기간을 피하고자 하는 현상), PIMTOO(Please In My Term Of Office: 지방자치단체의 단체장들이 개발우선주의에 입각하여 자기가 재임하는 기간 중에 사업을 추진하려는 현상) 등의 여러 형태로 나타나고 있다.

(2) 지역이기주의를 보는 시각

지역이기주의에 대해서는 크게 부정론과 긍정론으로 양분되어 있다. 부정론의 경우 최대다수의 최대행복이라는 원칙이 무엇보다도 우선시되어야 한다는 공리주의적 사고에 근거를 두고 지역이기주의에 대하여 비판을 가한 반면, 긍정론의 경우 소수의 정당한 권리는 다수의 이익과 상충되더라도 마땅히 보호되어야 한다는 정의론적 관점에서 지역이기주의의 정당성을 주장하고 있다. 다른 한편으로 이들은 서로 다른 경험적 사실에 기초하여 지역이기주의에 대한 상반된 평가를 개진하였는데, 부정론은 공공시설의 입지확보 곤란, 갈등심화, 물리적 집단행동의 만연 등 주로 지역이기주의의 바람직하지 않은 결과를 보고 이에 대하여 부정적인 평가를 내렸다. 이와 반대로 긍정론은 지역이기주의의 결과보다는 잘못된 입지선정 방법, 보상미흡, 정부에 대한 불신, 주민의견수렴 미약 등 주로 발생원인에 초점을 두고 이를 그 같은 요인들에 대한 당연한 반응 또는 정당한 자기 방어적 행위로 규정하면서 긍정적으로 설명하고 있다. 바꾸어 말하면, 부정론에서의 지역이기주의는 그것이 야기하는 결과의 문제성에 의해서 그에 대한 평가가 이루어지고, 긍정론에서는 그 발생원인의 성격에 의해서 지역이기주의의 본질이 판단되는 것이다. 따라서 부정론과 긍정론은 서로 다른 평가기준을 적용함으로써 상반되게 나타난 것이라 하겠으며, 다른 한편으로는 지역이기주의의 양면성을 반증해주는 것이라 하겠다. 즉 지역이기주의는 그 결과를 보면 부정적인 것이고, 반대로 그 원인을 보면 긍정적인 것으로 이해될 수 있는 것이다. 이와 같은 점에서 부정론은 지역이기주의로 초래되는 폐단의 성격 및 심각성 그리고 그것의 극복 필요성 및 긴요성을 명확히 볼 수 있는 시각을 제공하고, 긍정론은 지역이기주의의 발생원인을 정확히 판단하고 이해함으로써 정책오류를 예방하고 교정해주는 데 매우 유용한 시각을 제시한다.

그러나 반대로 보면, 부정론은 지역이기주의를 무조건 해악시하고 적대시하는 잘못된 경향을 지니고 있으며 긍정론은 지역이기주의로 야기되는 폐단의 심각성을 과소평가하는 비현실적인 면을 가지고 있다. 구체적으로 지역이기주의는 비록 정치·사회적 안정을 위협하고 행정의 효율성을 저하시키는 경우가 많으나 그 발생원인을 살펴보면 부정론에서처럼 반드시 부정적이고 원천적으로 봉쇄되어야 할 것으로 규정하기는 어렵다. 그러나 그렇다고 해서 지역이기주의를 긍정론에서와 같이 무조건 당연시하거나 정당한 행위로 단정하는 것 또한 문제가 없지 않다고 하겠다.

이렇게 볼 때, 지역이기주의는 어느 한쪽의 관점에 치우쳐서 이해될 것이 아니라 부정론과 긍정론의 견해를 모두 통합하는 종합적 시각에서 파악되어야 그 본질이 완전히 이해될 수 있고, 그에 대한 적절한 대처방안이 도출될 수 있는 것이다. 다시 말해서 지역이기주의에 대한 획일적인 가치판단은 오로지 단선적이고 비현실적인 해결방안만을 유도할 뿐, 합당하고 유용한 해결방안의 모색에는 장애요인으로 작용한다는 것이다. 특히 현재 관료사회에서는 지역이기주의에 대한 긍정론보다는 부정론의 시각이 더 광범위하게 퍼져 있는데 이런 상황에서 무엇보다도 요구되는 것은 지역이기주의에 대한 종합적 안목의 구축이며 그것이 선행되어야만 지역이기주의의 본질을 올바로 진단하고 합당하면서도 유용한 대처방안을 도출할 수 있다.

지역이기주의에 대한 부정론과 긍정론

구 분	부 정 론	긍 정 론
철학적 기반	공 리 주 의 (최대다수 최대행복의 원칙)	정 의 론 (소수의 정당한 권리보장 원칙)

분석의
경험적 근거
	님비현상의 부정적 결과에 초점
	• 공공시설입지 확보곤란
	• 각종 갈등의 폭증
	• 물리적 집단행동의 만연
	• 정부의 권위 및 공신력 저하
	• 환경문제의 악화
		님비현상의 발생원인에 초점
		• 사업자체의 타당성 비판
		• 입지선정방법의 비민주성,
		  주민의견 수렴의 미흡
		• 과도한 개인희생 및 부담강요
		• 정부의 불성실한 태도, 행정에
		  대한 불신

(3) 지역이기주의의 특성과 발생원인

지역이기주의는 오래전부터 있어 왔지만 실질적으로 이에 대한 문제의식과 논의가 이루어진 것은 지방자치가 실시된 최근이다. 이런 지역이기주의의 특성을 살펴보면 다음과 같다.

가. 심각성

관료사회에서 느끼는 문제의 심각성은 지역이기주의 해결방안의 모색에 부단한 행정적 노력을 투입하고 있다는 데서 그것이 어느 정도인지를 쉽게 짐작할 수 있다. 일반사회에서 인식되는 문제의 심각성은 각종 언론 매체에서 지역이기주의 문제를 다루고 있다는 점에서 알 수 있다.

혐오시설 이외에도 고아원, 양로원, 장애자회관 등과 같은 사회복지시설의 설치도 땅값에 영향을 미친다는 이유로 매우 부정적인 반응을 보이고 있다. 이처럼 사회적으로 필요한 시설물의 설치를 자신들의 이해관계에 의해 반대하는 이런 면 때문에 지나친 지역이기주의는 사회적인 문제로 받아들여지고 있다.

나. 복잡성

앞에서 말했던 것처럼 부정론과 긍정론에 있어서 지역이기주의를 바라보는 시각이 문제의 인지단계에서부터 복잡하게 얽혀있다. 이는 그만큼 문제의 원인이 다양하고 이질적이라는 것을 보여준다. 입지선정의 부당성, 정부의 보상미흡, 정부에 대한 불신, 밀실 행정 등의 관점에서 지역이기주의의 원인을 찾는다면 정부의 책임으로 이해될 수 있는 반면, 주민들의 이기심, 주민들의 감정적 평가의 관점에서 이를 인지하면 주민의 책임이 될 수 있는 것이다. 이와 같이 지역이기주의의 책임은 정부와 주민 모두에게 분산되어 있어 문제를 더욱 복잡하게 하고 있고 이해 당사자들 역시 각자의 유인에 의해 행동하므로 더욱 복잡해진다. 지방자치 이후의 지방정부 간의 갈등은 이해 당사자들 역시도 많으므로 갈등양상은 더욱 복잡하게 나타난다.

다. 불확실성

지역이기주의는 시설물 설치 이후의 불확실성으로 인한 예비적 두려움이라는 특성을 가지고 있다. 혐오 및 유해 시설물의 설치 이후 얼마나 불이익을 주고 정신적·육체적으로 어떤 영향을 미칠 것인지에 대한 확실한 정보와 지식이 없으며, 설치 이후의 관리와 운영에 대한 불신과 전문가들 간의 엇갈린 견해 역시 시설 입지에 대한 막연한 불안감을 주는 요인이 되고 있다. 이런 이유로 유해 및 혐오 시설은 설치 예정지역의 주민들에게 제공하고 있다. 더욱이 이런 시설의 설치로 인해 주민들의 생명에 위협을 주었던 미국의 Love Canal 사건, 인도 보팔시의 MIC 가스누출 사고, 소련의 체르노빌 원전 폭발 사고와 같은 과거 외국의 선례들은 주민들의 불안감을 부추기기에 충분하다.

3) 지역이기주의 사례들: 위천공단사례를 중심으로

(1) 지역이기주의 사례들

지방자치 실시 이후에 나타난 지역 갈등들은 이전의 갈등 사례들과는 많은 차이점을 보여준다. 이전의 중앙 집권적인 시절의 중앙 정부와 지방정부 간의 수직적인 관계에서의 일방적인 지시·이행 관계가 아닌 지역단위 내의 여러 관계들을 중심으로 한 다양한 의사표현이 이루어지게 되고 이로 인한 경쟁과 갈등은 보다 쉽게 표면화될 수 있는 것이다.

과거 중앙정부의 일방적인 '통고식'의 행정에서는 볼 수 없었던 지역 간의 갈등이 이제는 점차 빈번해지고 있다.

중앙 정부의 행정조치와 비용부담을 둘러싼 지역갈등을 살펴보면 주민불편 해소차원에서 추진한 행정구역재개편과 광역시 승격을 둘러싸고 일어난 지방자치단체와 지방의회 간의 불협화음, 주민들의 집단적인 저항 등을 볼 수 있다. 이외에도 상수원 보호구역을 둘러싼 지방정부의 반대, 정부생수 판매 안에 대한 서울시의회의 반대건의, 수도권 매립지 운영을 둘러싼 서울, 인천, 경기도 자치단체가 구성한 권리조합과 환경처가 운영하는 환경관리공단의 대립건 등은 중앙정부 배분조치를 둘러싼 지역 간 갈등들이었다.

지역 간 갈등의 사례들

유 형	사 례
혐오시설 입지반대	• 백제지역 납골당 건립 반대 • 달성군 제2지방 공업단지 조성반대 • 부산·경남의 위천공단 조성반대 • 제천시 취수장 건설공사에 대한 영월군 반대 • 핵폐기물처리장, 소각장, 매립지 입지선정을 둘러싼 지방의회와 중앙정부의 대립 (다수) • 부산시의 을숙도, 신호공단, 가덕도 개발에 대한 반대 • 충북영동군의 물한계곡 개발반대 • 강원도 조양강의 영월댐 건설을 둘러싼 영월군과 정선군 주민들의 대립 • 울산댐 높이조절문제를 둘러싼 울산시와 울산군의 대립
선호시설 유치운동	• 전남도내 각 군들의 현대자동차 제2공장 유치운동 • 대불공단 유치를 둘러싼 목포시와 영암군의 대립 • 경부고속철도 역사입지 요구건 (다수) • 도청 유치 운동 관련 건 (다수) • 서울시, 국방부가 사용 중인 고양시군훈련장 반환 요구 • 하천골재개발 이후 하천관할권을 둘러싼 연기군과 공주군간의 대립 • 마권세를 둘러싼 서울시와 경기도의 대립

유 형	사 례
정부의 행정조치 및 비용 부담	• 김해농지개량조합 분리를 둘러싼 김해군과 부산시 대립건 • 영종도 용유지역 잡종재산 인계요구 • 대청호 환경비용 분담을 둘러싼 대전시와 충북도의 마찰 • 울산회야 하수처리구역 하수사용료 부과건 • 상수원 보호구역의 지정 (다수) • 행정구역 개편과 광역시 승격을 둘러싼 갈등 (다수) • 경기도 시흥시 군자치구 공유수면매립지 반환요구권 • 정부생수시판안에 대한 서울시 의회 반대건 • 수도군 매립지의 운영을 둘러싼 관리조합과 환경관리공단의 대립건 • 서울시 강남구의 재산세 인하 결정

혐오시설 입지를 둘러싸고 있는 갈등들이 특히 많이 나타나고 있는데 핵폐기물 처리장 건립반대, 소각장 입지 반대, 공단 조성의 반대, 댐 건설의 반대 등이 있다. 이런 혐오시설을 둘러싼 갈등의 특징은 정부에 대한 주민들의 강력한 저항에 의해 형성되는 경우가 많다.

이런 갈등들 이외에도 개인의 사생활이나 생활권과 관련된 갈등도 역시 많이 나타나고 있는데 소음, 진동, 안전문제, 일조권, 사생활 침해, 주차 문제 등이 이런 문제의 예이다. 환경과 건강에 대한 인식과 개인의 권리 의식이 높아짐에 따라 나타나는 이런 갈등들은 사회가 발전해갈수록 더욱 빈번해져 갈 것으로 보인다.

위에서 나온 여러 갈등 사례들 중 위천공단조성을 둘러싼 대구(경북)와 부산(경남)의 갈등사례를 중심으로 지역이기주의에 대해 얘기해보도록 하겠다. 이 사례를 대상으로 하는 이유는 지방자치단체 상호간의 갈등이라는 점과 대구·경북의 경제발전 논리와 부산·경남의 환경보존 논리의 대립이라는 점 등은 지방자치단체 간의 갈등에 있어서 가장 핵심적인 갈등이 될 소지가 있기 때문이고 이 문제가 근 10여 년 이상을 지역 간의 의견 대립으로 인해 표류하고 있기 때문이다.

(2) 위천공단을 둘러싼 지역갈등의 개요

• 위천공단에 대한 논란은 89년 대구지역 염색업체들이 제3염색공단 조성을 추진하면서 시작되었다. 염색업체들은 정부의 환경기준 강화조치에 따라 개별업체들의 집단화가 시급하다고 보고, '공단추진위원회'를 만들어 신규 염색공단의 개발을 추진해 왔다. 그러나 이들의 노력은 기존 염색공단의 공동화를 우려한 일부 염색공단 입주업체들의 반대에 부딪혔다. 이 과정에서 염색공단 추진 사실이 부산·경남권에 알려지면서 거센 반대에 부딪히게 된다.

• 91년 말 달성군은 104만 평 규모의 지방공단 조성을 추진해 중앙부처에 지정승인을 신청했다. 이에 환경부가 낙동강 오염 우려를 이유로 승인을 보류하였다. 92년 이후 계속되는 환경부의 반대에 승인을 미루어 오던 정부는 공단부지 축소를 통한 대안을 내놓았으나 '공단조성의 실효성이 없다.'는 이유로 공단추진위는 이를 거부한다. 이런 어려움을 겪는 가운데 관련 시·도 간의 갈등은 점차 노골적으로 드러나기 시작한다.

• 93년 1월 부산시와 경남은 "낙동강 수질오염 방지를 위해 내륙공단 추진을 최대한 억제하고 악성 폐수공단은 임해지역으로 이전해야 한다."고 주장하기에 이르렀다. 93년 4월 부산시의회는 낙동강 수질오염을 우려해 위천공단의 조성을 반대하는 결의안을 채택한다.

• 대구지역의 공단추진위측은 위천공단의 폐수처리시설의 확충을 통해 수질오염을 줄일 수 있을 것이라 주장했지만 94년 2월 환경부가 건설부에 반대의견을 전달함으로써 공단조성은 백지화될 위기에 놓인다.

• 행정구역 개편에 따라 달성군이 대구시에 편입된 후, 위천공단 문제는 95년 3월 경북에서 대구시로 이전되었다.

대구시는 95년 6월 대구 경제성장을 위한 산업구조개편을 목적으로 하는 염색업체단지가 아닌 전자·정보통신, 자동차, 생명유전공학 등 기술집약형 산업을 유지하는 위천 국가산업단지 조성을 건교부에 건의했다.

대구시는 대구시의 경제활성화를 위해 위천공단 조성의 필요성을 강조하고 이 문제 해결을 위한 이해당사자 간의 광역자치단체협의회의 구성과 완벽한 공해방지 시설의 설치를 계획한다.

그러나 부산시는 대구시의 위천공단조성을 반대하는 건의서를 청와대와 건교부, 환경부 등 관계기관에 제출하고 위천공단 조성계획 반대의 당위성을 강조했으며 마산·창원 환경운동연합 등은 위천공단에 대한 반대서명운동을 벌였다.

(3) 갈등의 쟁점과 원인

가. 경제논리와 환경논리의 상충

대구시의 경제발전 논리와 부산시의 환경보존 논리가 상충하고 있기 때문에 견해를 좁히기가 쉽지만은 않다.

대구시는 위천공단 조성을 통해 지역경제난을 타개해보고자 하고, 전국 대도시 중 유일하게 국가공단이 한 곳도 없는 현실을 강조하고 있다. 또 대구시는 부산·경남 지역 주민들이 가장 우려하는 낙동강 수질오염에 대해서도 오히려 공단의 조성을 통해 폐수처리시설의 첨단화와 다단계처리기술의 도입으로 낙동강 수질을 개선할 수 있다고 주장하고 있다. 공단 조성이 무산될 경우 오히려 지역 내 산재해 있는 지역제조업체들이 폐수처리 시설을 제대로 갖추지 않고 운영하게 되어 오히려 수질오염을 가속화시킬 수 있다고 주장했다.

부산의 환경 보호 논리는 위천공단의 조성에 대해 부산지역은 공단이 들어설 경우 공단에서 나온 폐수가 낙동강으로 유입되면서 현재 낙동강의 수질을 더욱 악화시킬 것이라고 주장하면서 상수원의 보호 차원에서 이를 적극적으로 저지하기 위해 노력하고 있다.

낙동강이 심각하게 오염되어 있는 상황에서 낙동강변에서 멀지 않은 위천지역에 공단이 들어선다면 수질의 악화는 필연적이라는 것이 부산시의 주장이다.

나. 전문가 집단의 부족

환경보전 문제에 있어서는 그 사안에 대한 전문가 집단의 연구와 과학적 지식이 이해 당사들을 설득하는 데 있어 가장 중요한 논거가 될 수 있다. 이해관계가 충돌할 경우(특히, 이와 같은 경제논리와 환경논리의 충돌에 있어서) 전문가집단들의 중립적인 위치에서의 역할이 중요시된다. 위천공단 문제에 있어서는 과학적 연구와 전문가 집단의 활동마저 미진한 상태이다. 폐수 방류와 낙동강의 수질 오염에 관한 과학적인 연구성과와 통계가 양측을 동시에 설득할 만큼 권위를 갖지 못하고 있고, 전문가들이 오히려 지역의 논리를 전폭적으로 지지함으로써 양측의 대립을 공고히 하는 역할만 하고 있는 듯 보인다.

다. 정책사안의 정치적 이용

정치인이나 각 당들은 위천공단과 낙동강 수질개선을 위해 노력을 하고 있는 듯 보이지만 이들의 행동이나 발언을 통해 오히려 문제가 더 복잡해지고 감정적으로 가게 되는 것은 아닌지 생각해보아야 한다. 위천공단문제가 본격적으로 부각된 것은 95년 자치단체장선거와 96년 국회의원 총선을 거치면서이다. 이 지역과 관련된 후보자나 당 가릴 것 없이 홍보를 위한 수단으로 이용하게 되면서 시민들의 이에 대한 인식이 높아져갔고 정치화는 쟁점을 확산시켜 오히려 이해당사자 간의 협력에 방해물이 돼 버린 것이다. 위천공단건설과 같은 사안은 정치인들이 단순히 자신들의 홍보만을 위해 지킬 수 없는 공약만을 한다는 것은 너무나 책임 없는 행동이라 할 수 있다.

4) 지역이기주의의 극복방안

(1) 주요 국가의 극복사례

가. 미 국

첫째, 님비현상으로 인한 혐오시설의 입지문제를 해결하기 위한 접근방법의 한 예로 흥미 있는 것은 미국 뉴욕 시(New York ,New York)의 공평부담기준(Fair Share Criteria)을 들 수 있다. 1989년 뉴욕시 헌장(New York City Charter) 개정 시 도시계획위원회에 의해 채택된 이 공평부담기준은 도시시설을 신설, 확장, 축소 또는 폐쇄하고자 할 때 도시 전체 지역차원에서 부담(burden)과 이익(benefit)을 공평하게 분담할 수 있도록 배려하여야 한다는 것이다.

둘째, 주민에 대한 직접 보상도 중요한 혐오시설 입지저항의 극복사례가 될 수 있다. 미국 뉴욕 주의 Broome County에 69.3백만 달러의 폐기물 소각로가 설치될 때 시설 예정 지역인 Kirkwood 지역은 이 시설을 허용하는 대신 6백만 달러의 보상을 받았다.

셋째, 세금 감면이나 일자리 제공 등 간접보상을 통해 님비현상을 해결하는 사례도 있다. 미국 텍사스(Texas)주의 Reeves County 에는 지역주민들이 폐쇄를 요구하는 핵발전소가 입지하고 있었다. 그런데 이곳에 감옥이 추가 입지되면서 지역 고용이 증대되고 임대료 수입이 늘게 되자 주민들은 이를 수용했다.

넷째, 혐오시설 입지에 따른 손실을 보험을 통해 보상해줌으로써 분쟁을 해결한 사례도 있다. 뉴욕 주 북부에 위치한 Tomkins County는 쓰레기매립지가 포화상태에 이르자 고형 폐기물을 처리할 새로운 방법을 모색하게 되었다. 이에 대한 연구를 의뢰받은 코넬 대학의 연구진은 Oak Park에 새로운 매립지를 건설하여 쓰레기를 매립하기로 하되, 매립지 주변 지역에 보험을 실시할 것을 제안하였다. 즉 사업사의 손실이나 재산상의 손해, 환경오염 등이 발생하였을 때 이를 보상하여 줄 수 있도록 보험에 가입해주는 것이다.

나. 일 본

일본 무사시노 시는 1984년까지 인근의 미타카 시 소각시설에서 쓰레기를 공동으로 소각처리 하였으나 시설의 노후화로 인해 무사시노 시 자체 소각시설의 필요성이 대두되었다. 그러나 시 지역 전체가 이미 도시화되어 시정부는 소각시설 입지 후보지를 선정하여 지역 주민의 동의를 얻기가 매우 어려운 상황이었다. 이에 대해 시민들은 소각시설 설치계획에 적극 참여하여 관련 위원회를 조직하고 시설의 입지 선정, 설계 및 운영 방법을 검토하고 건의서를 시 정부에 제출하여 폐기물 처리정책에 반영토록 하였다.

그리하여 [청소센터 건설 시민특별위원회]와 [청소센터 및 도심재개발 시민위원회]가 설립되어 시민이 주도가 된 쓰레기문제 해결을 위한 대책을 수립하여 건의하였다. 또 시민단체가 조직되어 깨끗한 무사시노 시 건설운동, 쓰레기 감량화, 분리수거, 환경보호 등의 활동을 함으로써 쓰레기처리와 님비현상을 동시에 해결하고 있다.

다. 캐나다

1932년 온타리오(Ontario) 주의 Port Hope 지역에 Eldorado Resources 사가 입지하면서 발생하기 시작한 저준위핵폐기물은 인근의 매립장에 매립된 후에 침출수와 라돈가스 방출사고 등으로 사회문제가 되어 저준위 핵폐기물 처리장의 위해성에 대한 여론이 대두되었다. 이 지역의 환경실태를 조사한 정부의 명령에 따라 Eldorado Resources사는 저준위 핵폐기물 처분장 입지계획을 발표하고 예비조사를 근거로 후보지를 발표했지만, 해당 지역의 반대여론에 부닥치게 되었다. 주민들의 반대 이유는 단지 핵폐기물의 환경 위해성뿐만 아니라 정부의 폐기물처리시설 입지 결정과정에 대한 불만이었다. 즉 입지선정 조건의 타당성 부족, 제안자 의견에 대한 편중, 정책결정 과정의 공개성 결여, 입지결정 과정의 부당성, 약속 불이행 등이 주민반대의 주요 원인으로 작용하고 있었음이 밝혀졌다.

이에 대하여 캐나다 정부는 독립적인 입지선정 작업반(Sitting Process Task Force)을 구성하여 님비를 극복할 수 있는 입지선정 절차를 마련토록 하였다. 동 작업반은 시설입지 과정에 영향을 주는 주민, 마을위원회, 도시위원회, 공무원, 시설계획입안자, 전문가그룹 등 다양한 계층의 자발적인 참여에 의한 집단의사결정 방식에 기초를 둔 입지선정방법(Cross Canada Consuitation)을 개발하여 정책화하였다. 이러한 혐오시설 입지에 대한 캐나다 정부의 '주민과의 협력 선택(Opting for Cooperation)' 방법은 님비현상을 해결하는 최선의 방안으로 평가받고 있다.

이런 외국의 사례를 통해 우리의 지역이기주의 극복을 위한 방안을 모색해보면 다음과 같다.

(2) 지역이기주의 극복을 위한 방안

가. 주민참여의 보장과 정보의 공유

지역이기주의 현상의 대부분의 발생원인은 정부의 일방적이고 폐쇄적인 입지선정과정과 결과 발표 이후의 지역주민들의 의견을 수렴하는 상명하달, 밀실 정치식의 접근 방법 때문이었다. 결정된 정책이 사회적으로 옳은 것이라 하여도 이에 대한 인식은 부정적일 수 있다. 이런 사안의 극복을 위해 주민참여를 제도화하여 관련 지역 주민들의 요구 및 이해관계가 행정과정에 충분히 반영될 수 있도록 해야 한다. 이런 과정을 통해 주민들의 자발적 협조 역시도 기대할 수 있는 것이다.

나. 보상체계의 합리적 정비

혐오 시설에 대한 주민들의 거부감은 단순한 보상만을 통해서 해결할 수 없겠지만 시설 입지로 인한 주민들의 불이익을 어느 정도 보상해 줌으로써 집단행동으로까지 번지는 사태를 어느 정도는 방지할 수 있는 방안이 될 수 있을 것이다.

본질적으로 이런 시설들의 입지에 따른 비용부담은 그 지역에 집중되지만 사회적 편익은 전체사회에 나타나므로 이것은 특정 지역의 부담과 희생만을 강요하는 것과 같다. 이의 해결을 위해서는 물질적 손실의 보상뿐만 아니라 지역 개발 사업의 확실한 약속 등이 뒤따라야 할 것이다.

다. 위해 · 혐오시설 관리의 철저화와 관리실태의 공개

위해 · 혐오시설입지에 따른 사회, 경제적 피해는 물론 환경적 피해를 최대로 줄일 수 있도록 관계기관이 집중 투자하는 것이 처리시설의 입지선정 과정에서 지역주민과의 마찰을 줄일 수 있는 최선의 방법이다. 특히 강조되어야 할 것은 환경혐오시설의 안전관리 실태를 주민과 전문가에게 공개하여 국민의 신뢰를 구축하는 것이다. 최근의 환경오염 방지기술은 눈부시게 발전하고 있지만 그 비용 역시도 증가하는 것이 사실이다. 이런 고도처리에 따른 비용분담의 문제 역시도 사전에 충분히 논의되어야 할 것이다.

위해·혐오 시설의 입지 반대에 대한 입지저항의 반대는 일부에서는 일방적인 무임승차식의 이기적인 행태로 치부하고 이를 부정적인 것으로만 보기도 한다. 하지만 이런 행태를 단순한 이기심의 발로로 보고 전체를 위한 소수의 희생만을 강요하는 것이 사실이다.

그러나 현재 우리나라의 위해·혐오시설에 대한 관리 실태와 미흡한 보상체계 등을 감안한다면 이해할 수 없는 행동은 아니다. 이런 입지저항을 다른 면에서 살펴본다면 우리나라 국민이라면 누구나 가지고 있는 '환경권 확보'를 위한 당연한 권리 주장일 수 있는 것이다. 또한 이전의 중앙 집중식의 행정체계에서는 상상할 수도 없었던 중앙 행정집행에 대한 반발은 지방자치 실시 이후의 발전된 민주시민 의식의 발로로도 볼 수 있는 것이다. 하지만 이런 의견들이 끝내 서로의 의견만을 주장하고 평행선을 긋는 갈등으로만 남게 된다면 우리 사회의 발전은 요원한 일이 되는 것이다.

결국 갈등은 지역주민과 중앙정부, 지방정부, 환경단체, 전문가 등의 열린 의견 교환을 통해 국가전체의 이익과 지역의 이익 등을 적절히 조화시키는 노력이 선행되어야만 극복될 수 있을 것이다.

〈참고 사이트〉

- 부산환경운동연합   http://pusan.kfem.or.kr
- 행정자치부   http://www.mogaha.go.kr
- 네이버   http://www.naver.com
- 종합뉴스데이터베이스   http://www.kinds.or.kr/

4. 지역정보화를 통한 지방자치발전구축

1) 들어가는 말

1990년대 초반에 부활한 지방자치는 21세기에 들어서면서 급격한 변화와 혁신적인 개혁의 필요를 받고 있다. 사회전반의 패러다임은 이미 정보화에 근간을 둔 지식기반 산업의 육성에 중점을 두고 있으며 정부도 이와 맥락을 같이 하는 정책을 집행함으로써 국민의 지지를 얻음과 동시에 국가경쟁력 확보를 통해 무한경쟁의 세계화 시대에 효과적으로 대응하고자 노력하고 있으며 국민의 참여를 유발시켜서 민주주의 이념의 고취와 국민의 삶의 질 향상에 노력을 기울이고 있다. 그리고 안으로는 날이 갈수록 가속화되는 지방화·분권화 시대에 효과적으로 대비하고자 하는 방법으로 지역정보화촉진계획을 통해 지방자치단체의 자치에 많은 도움을 주고 있다. 그에 따르는 구체적인 방법으로서 지방자치단체는 홈페이지의 구축과 운영을 통해 지역주민과 지방정부가 만나는 장소의 제공, 시간과 공간의 제약을 넘는, 24시간 열려 있는 공간의 제공, 일방적이지 않은 주민과 지방정부의 쌍방향 의사소통 유도, 지방행정의정에 참여기회 제공, 보다 저렴한 비용으로 정보의 공개·여론수렴·공공서비스 제공 등의 기능을 수행하고 있다. 또한 정부는 1966년의 「정보화촉진기본계획」을 시작으로 1999년의 「CYBER KOREA21」을 통해 창조적 지식기반 국가건설의 비전을 제시하고 정부서비스의 온라인화와 전자정부 구현을 추진하고 있다. 이러한 상황 속에서 2002~2006년까지 지방자치단체의 지역정보화를 촉진하게 하기 위한 구체적인 방안을 마련하여 시행하고 있다. 이번 지역정보화에 대한 보고를 작성하는 데에 있어서 지역정보화의 개념과 필요성 부각을 통해 지역정보화의 중요성을 역설하고 구체적인 정부의 지역정보화촉진계획을 살펴보면서 인터넷 홈페이지를 통한 지역정보화 실현을 살펴보고자 한다. 그와 동시에 앞으로의 발전방향을 모색해보기 위해서 외국의 사례도 비교해보도록 하겠다.

2) 지역 정보화의 개념

○ 지역의 행정, 생활, 산업 등의 발전이나 문제해결을 위하여 지방자치단체, 지역주민이 주체가 되어 지역 내 정보통신 인프라를 구축하고 이를 활용하여 정보를 생성·유통토록 하는 지역단위 정보화를 말하며 이를 위해 지방자치단체에서는 행정정보화를 통하여 주민의 요구에 신속히 대응하고 산업정보화로 지역의 경쟁력을 강화하는 한편, 생활정보화를 통하여 주민의 삶의 질을 향상시켜 나감으로써 지역단위에서 지역경제발전과 더불어 행정서비스의 개선과 주민의 삶의 질을 향상시킨다.

지역정보화의 개념

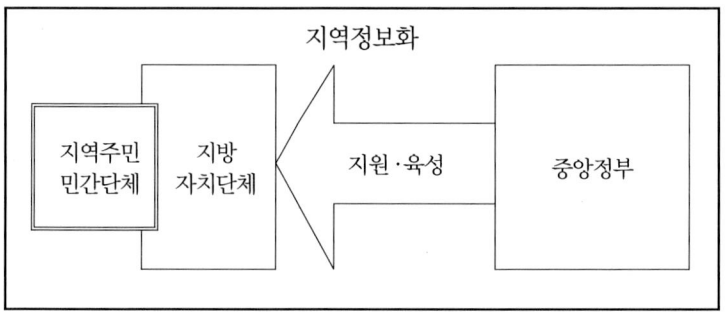

○ 정부는 지역정보화를 통해 지역주민의 삶의 질 향상, 행정업무의 효율성 제고, 지역경제의 활성화 지원의 목적을 이루어 궁극적으로는 정보화 사회에 걸맞은 국가 경쟁력을 갖춘 정부를 구현하고자 한다.

3) 지역정보화의 필요성

○ **사이버시대의 도래:** 개인에게 다양한 정보와 서비스 제공을 통하여 정보를 이용하게 하고 다시 생산하게 하는 역할을 부여한다.

○ **온라인 네트워크 사회:** 물리적 경계를 뛰어넘는 서로 다른 영역들이 결합하여 새로운 온라인 서비스 제공을 통하여 지방정부의 신뢰도 제고

○ **사회전반의 근본적 변화:** 정보가 경제적·사회적 생산성을 높이는 최적의 수단이 되는 정보화 사회 속에서 다양한 컨텐츠 개발과 체계적인 지식관리로 고부가가치를 창출하고 주민과의 상호교류를 통해 실질적인 혜택을 제공한다.

○ **다양한 정보수단의 증가:** 인터넷뿐만 아니라 신문, 방송 등을 통해서도 지방정부의 홍보와 정책에 대한 주민의 의견수렴이 가능하다.

4) 지역정보화의 추진성과

(1) 추진연혁

○ 상위계획 및 근거: 국가정보화기본계획(정보통신부)
- 정보화촉진기본법 제정('95.8.4)
- '99~2002 창조적 지식기반 국가건설을 위한 정보화 비전 [Cyber korea 21] 수립('99.3)
- 2002~2006 e-Korea vision 2006 수립(2002.4)

○ 지역정보화 기본계획 수립(행정자치부)
- 지방자치단체의 지역정보화촉진시행('97~2000) 수립('97.2.5)
※ 지역정보화 추진기반을 조성하고 지역특성에 맞는 지역정보화 지원
- 시도 지역정보화기본계획 수립지침 마련(1997.8)
- 시군구 지역정보화기본계획 수립지침 마련(1998.4)
- 지역정보화 중장기기본계획수립을 위한 조사연구(2001.2)

○ 『지역정보화촉진시행계획』 수립(행정자치부)
- '98년부터 매년 촉진시행 계획 수립·추진

(2) 추진성과

○ 지역정보화 기반확충
- 지역정보화 추진체제 정비
　지역정보화 기본계획 수립, 조례제정, 촉진협의회 구성과 운영 등을 통하여 지방자치단체를 중심으로 효과적인 지역정보화 기반을 조성함

과 더불어 지방전자정부의 기틀을 마련

　- 시군 정보화 조직·인력 대폭 보강

공무원의 구조조정 등으로 그간에 확보하기 어려웠던 시군의 조직·
인력을 획기적으로 보강

　- 지방자치단체 인터넷 환경 획기적 개선

자치단체별 인터넷 환경을 개선하기 위해 외부망과의 접속점을 248
개에서 16개로 축소하고 보안장비를 강화

　- 지역정보화 지원사업 추진

지식·정보화시대에 따른 IT분야의 지원확충으로 자치단체가 공동으
로 활용할 수 있는 분야를 발굴하여 자치단체 정보화의 추진 방향을
제시하고 자치단체의 지역정보화사업 지원을 강화하였다.

　○ 국민편의위주의 행정실현

　- 주민등록자료 공동이용 기반구축으로 민원서비스 질적 향상

국가기간 정보시스템인 주민등록전산자료의 국가기관 공동활용을
통해 국민의 편익을 증진할 수 있도록 요약DB를 구축하고 전 행정기
관에서 주민등록자료를 필요로 하는 업무 103종을 서비스함으로써 주
민정보의 본격적인 공동이용을 위한 기본체제를 구성

　- 주민에 대한 행정, 민원정보 시스템 구축 완성

전 지방자치단체의 홈페이지 구축이 완료되고 이를 종합, 검색할 수
있는 포탈사이트(ebang.go.kr)를 제공할 뿐만 아니라 특히 민원처리
인터넷 공개시스템을 전 자치단체에 100% 구축, 완료시킴으로써 자치
단체와 주민 간의 열린 행정을 실현하게 되었다.

　- 공무원 e메일 보급 완료

24만 전 지방공무원에 대한 E-Mail ID 보급을 완료하고 지역주민에

대해서도 E-Mail ID를 보급함으로써 공무원 간, 주민 간 사이버공간
에서의 의사소통이 가능하게 되어 대민서비스 향상 기반구축에 일익
을 하였다. 현재는 전자결제 시스템으로 이미 정착되어 가고 있다.

○ 정보격차 해소 추진
- 정보화시범마을의 성공적인 운영기반 조성

자치단체별·소관부처별로 산발적으로 추진되어온 마을정보화를 인
프라구축에서 콘텐츠 구축·운영까지 종합적이고 체계적으로 추진하여
주민이 실생활에 한걸음 다가서는 효과를 거두었다.
- 주민정보화 교육의 획기적 확대 실시

지역주민을 포함하여 정보화 소외계층인 농어민·주부·노인을 대상
으로 '99년 15만여 명, 2000년 124만여 명에 이어 2001년에는 190만여
명에 대한 정보화교육을 실시하여 국가정보통신기반 구축(ADSL 등)
과 더불어 국민의 정보화 이용능력 향상 및 정보생활화에 획기적으로
기여하였다.

5) 지역정보화의 추진목표

○ 수준 높은 지역정보화 추진으로 지역주민의 삶의 질 향상
- 지역정보화를 정보화의 하위개념이 아닌 정보화 각 분야의 통합
  을 위한 전략적 접근방식으로 인식·추진
- 지역사회 네트워크 구축으로 기관과 주민, 주민과 주민 사이의
  정보교류 및 지역사회 참여 촉진
- 생활과 밀접한 의료, 환경, 교육, 문화 등 정보문화 환경 충실화

○ 지방행정 정보화로 행정능률제고 및 대민서비스의 획기적 개선
- 모든 행정업무의 전자적 처리로 행정의 생산성 및 효율성 제고
- One/Non-stop 행정서비스 제공으로 지역주민의 편의제공 및 창
  조적인 여가활동시간 부여

○ 지역 간 정보격차(Digital Divide) 해소로 지역균형발전과 지역
  경쟁력 강화
- 정보화 소외지역 주민의 최소 정보수요 충족을 위한 정보 접속
  점을 확보하고, 누구나 언제든지 정보를 이용할 수 있도록 다양
  한 정책 추진
- 정보인프라를 활용하여 지역 간의 정보화 불균형을 해소하고 생
  산성을 향상, 새로운 산업과 일자리 창출 지원
- 국가단위 정보화 정책의 연계를 통해 지역정보시스템 구축에 관
  한 경험과 노하우를 공유·집중할 수 있는 패키지(Package) 방
  식 지원 추진

6) 중점과제

○ 자치단체가 지역정보화를 원활하게 추진하기 위해 기반 확충
- 지역정보화 추진체제 정비와 지식정보화 사회 구현을 위한 지방
  자치단체의 정보통신 인프라 구축
- 지역여건과 특성에 적합한 컨텐츠 구축을 지원하고 이를 타 기
  관에 확대함으로써 투자효율성을 극대화하고 나아가 지역산업
  촉진을 유도

○ 국민이 체감할 수 있는 민원편의 위주의 서비스 행정 구현
- 시군구 중심의 행정종합정보시스템 구축·운영과 인터넷 민원처리 추진 등 One/Non-stop 대민 서비스행정 구현
- 풍부한 인터넷 정보와 다양한 서비스 접근경로 제공으로 누구나 쉽게 이용할 수 있는 고품위 행정서비스 제공
- 시도행정업무 정보화 등 국가와 자치단체를 연계하는 행정업무의 표준화를 통해 체계적인 통합정보서비스 실시

○ 지역정보화 활성화를 통한 지역 간·계층 간 정보격차 해소
- 정보화 마을 조성을 통해 지역 간·계층 간 차별화되지 않는 주민 정보생활화 실현 및 지역경제 활성화 촉진
- 지역주민 및 공무원에 대한 지속적인 정보이용능력 향상 도모
- 자치단체 정보화 수준측정을 통해 자치단체 간 선의의 경쟁을 유도하여 지역별 균형적 발전 도모

인터넷의 발달과 초고속 통신망 확대로 나타나는 정보통신기술의 발달로 인해 모든 분야에서 새로운 패러다임의 필요성이 부각되고 있으며 지방행정도 홈페이지 구축과 운영을 통한 사이버 행정의 실시로 빠르게 변화하는 현 사회 체제에 발 빠르게 적응하는 모습을 보여주고 있다. 최소의 비용으로 최대의 홍보효과와 주민에 대한 공공서비스를 실현하고 있으며 그 구체적인 방안으로 온라인 행정서비스를 통한 민원업무처리, 게시판이나 토론마당을 통한 주민의견수렴, 자료와 정보를 제공 하고 있다. 민원업무처리는 행정의 편의성 제고와 능률성에 중점을 두는 것이며 주민의견수렴은 주민 참여를 통한 민주주의 이념의 확보에 이바지하는 것이며 지방자치단체가 제공하는 정보는 정책이나 지

역의 고유한 특성을 홍보하는 동시에 관광자원의 적극적인 홍보를 통해 많은 관광객을 유치하여 지방재정에 많은 기여를 하고 있다.

〈참고문헌〉

배대윤. 「자치단체의 인터넷 정보화 현황」, 지방행정, 50권 578호, 대한지방행정공제회, 2001.

정윤수. 「인터넷을 이용한 지방행정의 발전방향-사이버거버넌스관점에서-」, 지방행정, 50권 578호, 대한지방행정공제회, 2001.

윤상오. 「자치시대의 전자민주주의 실현을 위한 홈페이지 발전방향」, 지방행정, 50권 578호, 대한지방행정공제회, 2001.

한상필. 「한국과 미국의 인터넷 홈페이지 비교 분석을 통한 국가 홍보개선 방안 연구-정부와 지방자치단체의 홈페이지 사례분석을 중심으로-」, 홍보학연구, 4권 2호, 한국홍보학회, 2000.

「G4C 인터넷 민원서류 발급시스템 2단계 본격서비스 실시계획」, 행정자치부, 2004. 4.

「2003 행정기관 홈페이지 평가결과」, 행정자치부, 2003.

「지방자치단체의 지역정보화촉진기본계획」(2002~2006), 행정자치부, 2002. 11.

행정자치부 http://www.mogaha.go.kr

서울시 중구청 홈페이지 http://www.junggu.seoul.kr/junggu

서울시 강남구청 홈페이지 http://www.gangnam.go.kr

자치단체 인터넷 종합홈페이지 http://www.ebang.go.kr

전자정부 http://www.egov.go.kr

환경부 http://www.me.go.kr/me/Index.html

울산광역시청 홈페이지 http://www.metro.ulsan.kr

서울특별시 홈페이지 http://www.seoul.go.kr

뉴욕시청 홈페이지 http://www.ci.nyc.ny.us

5. 자치단체발전을 위한 기관구성

1) 기관통합형: 기관단일주의, 권력통합형

- **개념:** 자치단체의 의결기능과 집행기능을 의회 단일기관에 귀속(담당) 의원내각제와 유사한 권력유형/council은 지방의회라기보다 지방정부의 성격

- **형태:** 영국의 의회형과 미국의 위원회형
  ① 영국의 의회형: 지방의회가 의결기관인 동시에 집행기관/의장 겸 시장
  ▶ 자치단체를 대표하는 장이 없으며, 다만 대도시 지역과 일부 자치단체에만 시장 존재. 그러나 시정, 총괄하는 지위가 아니라 자치단체를 대표하는 상징적 존재
  ▶ 실질적 행정권은 지방의회 각 분과가 행사

  ② 미국의 위원회형: 주민에 의해 선출된 위원들이 위원회에서 공공정책 결정하고 시행
  ▶ 보통 5명으로 구성된 위원회가 모든 결정기능 행사하고 통제

- ▶ 한 위원은 시장으로 지명되고, 다른 위원들은 그 시의 행정부국 지휘·감독
- ▶ 5명 위원은 정책 결정뿐 아니라 집행
- ▶ 위원은 정당에 가입하지 않은 선출된 공무원
- ▶ 위원은 각자의 선거구 대표하는 것이 아니라 시전체 대표
- ▶ 통치는 집단적으로 행해지며, 시정부에 1인의 장이 없다

- • **장점**: 권한과 책임이 주민대표기관인 의회로 통합/집중됨
  - − 주민 대표기관으로 구성 정부형태의 민주화/책임정치 구현
  - − 행정업무의 원활하고 분명한 수행
  - − 행정의 안정성 확보(대립과 마찰 제거)
  - − 정책결정과 행정집행의 유기적 관련성 도모
  - − 다수 의원(위원)으로 구성된 위원회 통해 신중한 자치행정 수행

- • **단점**: 행정집행을 총괄·조정하는 단일행정책임자 or 행정의 중추인 물 부재
  - − 부와 국 간의 할거행정 격화 우려(중추인물 부재)
  - − 행정의 종합성과 통합성 유지 곤란(중추인물 부재)
  - − 행정에 대한 정치개입 가능성(특히 보조기관의 인사행정에 대해)
  - − 자치행정에 대한 감시·비판기능, 상호 규제와 조화가 결여되어 권력남용 우려
  - − 행정의 전문성 무시 가능성(행정 전문지식과 경험 적은 의원이 행정책임자가 되므로)

2) 기관대립형: 기관분리형

- **개념:** 자치단체기관을 의결기관과 집행기관으로 분리, 상호 견제와 균형 유지 집행기관의 단독제, 합의제에 따라 수장형과 참사회형으로 구분

- **수장형**
  - 집행기관의 장을 주민이 선출
  - 집행기관과 의회를 분립시키고 주민이 직접 선거

- **약시장형(분권적 시장·시의회형)**
  * 미국의 정치사조인 주의회의 우월적 시의회를 기초로 함
  - 행정집행기능을 시장과 여러 집행기관에 분립
  - 시가 가지고 있는 실질적 권능은 대부분 시의회에 귀속시키고 시장은 상징적 역할 수행
  - 시장의 임기가 짧으며 인사 및 행정·재정권한 제한(예산편성·관리책임 시의회에 부여)
  - 시장 이외에 주민직선의 독립적 행정 간부가 있을 뿐만 아니라 의회가 입법적 권능 이외에 행정적 권능까지 가지고 있어 시장의 권한이 시정 전반에 미치지 못함. 또한 의회의 의결에 대한 거부권을 가지지 못하고, 국·과장 임명에 의회의 인준

- **강시장형(집권적 시장·시의회형)**
  - 행정집행기능을 시장에 집중
  - 의회와 더불어 시장도 정치적 지도성을 가지고 집행부의 장으로

서 강력한 권한을 가짐
- 시장은 행정 전반에 대한 권능을 가지고 있으며, 시소속 공무원
  을 임면하고 의회의 의결에 대하여 거부권을 가짐
- 정책발의의 기회 제도화

• **강시장·사무총장형(강시장 총괄관리관형, 시장−행정관형)**
- 정치적 임무와 행정적 임무 두 가지를 가지는 강시장의 부담 경
  감과 정치적 수완과 행정적 기술을 겸비한 인물을 강시장으로
  선출하기 어렵다는 문제를 타개하기 위해 채택
- 사무총장: 강시장의 수석행정관으로 정치적 또는 행정적 임용
  행정에 관한 전문적 지식과 경험 요구. 시장을 행정적으로 보좌
  하고 각 국장의 임면과 사무의 지휘·통괄
  ▶ 감독직공무원을 임면하고 시의 인사제도 운영, 감독
    ▶ 예산 관리
    ▶ 시 행정기관의 기능 조정
    ▶ 시장에 대한 행정적 권고

• **장점:** 견제와 균형의 원리에 의해 권력남용 방지 및 비판·감시 기
  능 수행
    - 의원과 장을 직선함으로 지방행정에 대한 주민통제 용이
      & 행정책임 명백
    - 단체장이 주민대표로 정치적·행정적 능력발휘
    - 주민의사 신속히 지방행정에 반영
    - 소신 있는 행정 수행(임기보장)

• **단점:** 의회와 집행기관의 대립·마찰 발생(여소야대)

  - 직선에 의해 선출되는 단체장의 능력문제
  - 시장의 재선의 유인으로 특혜 등의 문제

3) 절충형

• **개념**: 기관 통합적 요소와 기관 대립적 요소 상호 조화의결기관과
  집행기관을 별도로 설치하나 상호, 대립시키지 않는 유형

  ### (1) 의회 ·참사회형(의회–집행위원회형)

  - 의결기관과 집행기관을 분립시키나 집행기관이 합의제로 운영
  - 참사회가 의결기관인 의회를 모체로 하면서도 별개의 독립된 집
    행기관으로 기능
  예) 네덜란드, 벨기에, 스웨덴, 덴마크, 스위스(구체적 제도는 국가
    에 따라 차이)

• **장점**: 정부형태의 민주화와 민의의 충실한 수렴
    - 행정의 공정하고 신중한 집행
    - 의회와 참사회 간의 긴밀한 협조

• **단점**: 집단적 무책임성의 증가(합의제)
    - 소인행정의 폐해(전문행정가가 아님)
    - 집행행정의 강력한 지도인물 결여
    - 집행의사의 결정과정 느려 행정의 신속성 결여

(2) 위원회-지배인형

- 주민직선의 시의회는 그 권한을 규칙의 제정, 정책결정, 예산심
  의, 기채결정 등 주요사항에 한함
- 그 집행적 권한의 대부분을 시의회에서 임명하는 지방행정 전문
  가(지배인)에 일임
* 집행책임자로 행정에 대한 전문지식과 경험이 풍부한 자를 선임
  하여 행정능률 향상. 지배인이 정치적 리더십 부족 시 강력한 시
  정추진 곤란

4) 주민총회형

- 선거권을 가진 주민이 직접 의회를 구성하여 정책·예산·인사
  등의 문제를 결정
- 모든 주민의 참여가 불가능해 주민대표자로 의회를 구성. 주민총
  회형과 같은 문제를 결정하는 것을 대표적 주민총회형
- 자치단체 규모가 아주 작은 것을 전제(오늘날의 현실과 괴리)
* 한국의 기관구성형태 기간대립형을 채택하고 있으면서 단체장에 대
  한 많은 권한 부여(전통적으로)

Ⅱ. 지방의회

1) 지방의회의 지위

* 주민으로부터 선거에 의하여 선출된 지방의원으로 구성되는 자치단체의 의사기관(대표)(의사기관인 동시에 집행기관을 겸하기도 함)
 - 주민이 직선한 지방의원을 기본구성요소로 함(대표의 원리)
 - 자치단체의 기본적인 또는 중요한 의사결정기관

• **지방의회의 지위**
  * 집행기관과의 상호관계에 따라 규정
  * 헌법기관이며, 대표개념에 근거한 자치단체의 의사기관, 주민대표의 합의기관(다수로 구성)
  * 최고의사결정기관
  ① 헌법기관으로서의 지위
  ② 주민대표기관으로서의 지위
  ③ 입법기관으로서의 지위
  ④ 지방행정에 대한 통제기관으로서의 지위
  ⑤ 정책결정기관으로서의 지위

• **국회와 지방의회**
  * 국민이나 주민의 공선으로 선출된 의원을 구성원으로 하는 합의체 의사결정기관은 공통
  대표성: 국가정책을 국민을 대표하여 국가정책을 결정하는 기관
  vs. 자치단체에서 주민을 대표하여 주요 정책과 의사결정하는 기관

국정담당과 vs 지방정책 담당

2) 지방의회의 권한

(1) 권한의 범위

- **권한의 변수:** 자치권의 정도
    - 중앙정부와 자치단체 간의 역학관계
    - 기능배분의 형태
    - 중앙통제의 방법과 정도
    - 지방자치단체의 계층구조
    - 지방자치단체의 기관구성형태
    - 집행기관의 선임방법
    - 각국의 정치행정문화
  * 기관통합형과 절충형에서 광범위

- **권한의 범위:** ① 사무성질상(자치사무와 위임사무)의 범위
             ② 법령 및 사실상의 범위(국가사무와 지방사무)
  〈일반사항〉
    - 입법권(조례제정, 예산의결, 주민부담사항 의결)
    - 의결권(정책결정기능)
    - 행정감시권(행정통제 기능)
    - 의견제출권(의견표명 기능)
    - 선거 및 인사권

- 청원수리권(주민참여의 확대)
- 자율권

(2) 한국 지방의회의 권한

① **의결권:** 개인이 아닌 의회에 부여된 권한. 합의체 기관. 의회 권한
의 핵심

- **의사결정(내용면)**
  - ▶ 자치단체의 단체의사의 결정 위해 의회에 부여된 권한(협의)
  - ▶ 의회의 기관의사의 결정
  - ▶ 집행기관의 집행을 전제로 하는 의회의 동의
  - * 의사결정의 한계

- **한국 지방의회의 의결사항(자치법 제35조 1항)**
  ① 조례의 제정 및 개폐
  ② 예산의 심의·확정
  ③ 결산의 승인
  ④ 법령에 규정된 것을 제외한 사용료·수수료·분담금·지방세 또는
  가입금의 부과 징수
  ⑤ 기금의 설치·운용
  ⑥ 중요재산의 취득·처분
  ⑦ 대통령령으로 정하는 공공시설의 설치·관리 및 처분
  ⑧ 법령과 조례에 규정된 것을 제외한 예산 외 의무부담이나 권리
  의 포기

⑨ 청원의 수리와 권리

⑩ 외국 지방자치단체와의 교류협력에 관한 사항

⑪ 기타 법령에 의하여 그 권한에 속한 사항

- **기타 지방자치법상 필요한 의결사항**

① 사무소 소재지의 변경과 신설

② 행정사무조사권의 발동

③ 지방채의 발행

④ 지방자치단체의 폐지·분할·구역변경·명칭변경에 관한 의견제출

⑤ 시설치에 관한 의견제출

⑥ 계속비

⑦ 예비비 지출승인

⑧ 행정협의회의 설립규약(변경·폐지)

⑨ 지방자치단체조합의 설립규약(변경·해산)

⑩ 지방의회의 조직과 운영에 관한 사항(의장·부의장의 선출 및 불
신임결의, 회의 규칙의 제정, 의원의 사직 허가, 의원의 징계, 의
원의 자격상실)

* 이외에 자치단체별로 조례가 정하는 바에 의하여 의회 의결사항
을 정할 수 있음
* 의회의 권한이 광범위한 국가에서는 고위공무원의 임명동의, 중요
시책·사업의 심의·승인, 중요계약의 체결 승인, 손해배상과 손실
보상액의 결정 포함

② **행정사무감사 및 조사권:** 결정된 정책 및 의사가 적합하게 집행되고 있
는가 감시하여 집행기관의 위법·부당한 처리의 시정조치 하도록 하

는 감시적 권한 지방자치법 제36조에서 행정감사권 및 조사권 부여

- **행정감사:** 매년 1회 자치단체 사무 감사(광역 10일, 기초 7일 이내)
  국회 또는 광역의회 감사 이외의 사안에 대해서 기초의회 감사 가능
  - ▶ 행정전반 파악 예산심의 자료 수집
  - ▶ 자치단체 시책운영의 합법성 및 합목적성 검토
  - ▶ 잘못된 부분 적발 시정요구

- **행정감사권의 논란**
  찬성론 － 지방의회가 주민대표기관이므로 감사권 인정 타당
  　　　 － 집행기관의 독주 견제
  　　　 － 견제적 입장: 장의 의결에 대한 재의요구권, 예산상 집
  　　　　　행불가사항 재의요구권, 선결처분권 인정
  반대론 － 국가 및 지방자치단체 자체 감사기능과 중복
  　　　 － 감사권 낭비 시 자치행정 마비 우려
  　　　 － 집행기관의 의회예속 우려
  　　　 － 지방의원의 득표전략에 활용

  * 행정감사제도의 발전과제(상호견제적 관점 유지)
  － 문제: 중복의 문제, 실효의 문제(허술한 자료제출, 집행기관의 무
  　　성의한 답변, 감사기간의 부족, 형식적 감사 진행, 의원들의 전문
  　　성 및 준비부족), 낭비의 문제(준비과정 과다, 불필요한 자료 요
  　　구) 등

- **행정조사:** 자치단체 사무 중 특정사안에 관해 행정조사(의결을 통

해 본회의 or 위원회가)조사발의는 이유명 시 서류로 함. 재적의원 1/3이상 연서 필요
- 소극적 기능: 자치단체 행재정 비리조사 적발
- 적극적 기능: 자치행정 실태파악 새로운 조례제정과 예산심의자료로 활용

* 감사나 조사 시 현지 확인이나 사류제출 요구 가능, 단체장이나 관계공무원, 사무 관련자 출석 증언 또는 참고의견 진술 요구 가능, 허위증언자 고발 가능, 정당한 사유 없이 불출석자 과태료 부과 가능
* 영국, 미국, 프랑스 등 대부분 국가에서 행정감사권 불인정

③ 행정사무처리상황의 보고와 질문응답에 관한 권한
- 단체장 또는 관계공무원의 의회나 위원회 출석, 사무처리상황 보고하거나 의견진술하고 질문에 응답할 수 있다
- 단체장이나 관계공무원은 의회나 위원회 요구 시 출석답변(특별한 사유 시 관계공무원 대신)
- 출석공무원은 조례로 정하도록 규정
* 위 두 사안은 외국에 비해 포괄적 규정 일본은 보다 구체적으로 규정

④ 선거 및 조직권: 선거기관 또는 인사기관으로서의 권한
- 의장과 부의장 선출(법 제42조): 광역 의장 1인, 부의장 2인/기초 각 1인 무기명 투표
- 의장이나 부의장이 법령 위반 또는 정당한 사유 없이 직무 수행치 않을 시 불신임 결의
- 위원회를 둘 수 있다(위원은 본회의에서 선임): 소관 의안과 청

원 등을 심사 처리(상임) 및 특정안건 일시적 심사 처리(특별)

⑤ **의견제출권**
 - 의회 의견을 들어야 하는 사안(제4조 1항, 2항) : 자치단체를 폐치, 분합하거나 그 명칭 또는 구역을 변경할 때 법률로 정하나 의회의견 청취해야 함
 - 시를 설치하고자 할 때 관할 도의회 의견 들어야 함(§7-3항)
 - 도시기본계획의 수립·변경 및 도시계획 결정·변경할 때 미리 지방의회의 의견을 들어야 함
 - 자치단체 공익에 관한 사항에 대해 관계 외부기관에 의견 제출할 수 있음
 - 자치 및 단체위임사무와 관련 단체장이나 관계공무원으로부터 설명을 구하고 의견을 제시할 수 있음. 또한 기관위임사무에 대해서도 설명요구 및 의견을 제시할 수 있음(§36-3항)
 * 의견 제출권에 대한 논의: 자치단체 의사? or 의회의 의사

⑥ **청원수리권:** 주민 대표기관으로 주민의사 반영 위해 의회 권한사무에 한하지 않고 자치단체 공무에 관해 청원수리 권한
 - 지방의회 의원의 소개 얻어 청원서 제출
 - 청원이 재판에 대한 간섭이나 법령에 위배되는 경우 이를 수리하지 않음
 - 자치단체에서 처리하는 것이 타당하다고 인정되면 의견서 첨부 단체장에게 이송
 - 단체장은 청원 처리하고 그 처리결과를 지체 없이 지방의회에 보고

⑦ **자율권:** 의회가 스스로 법령의 범위 내에서 조직 및 운영에 관해 규율할 수 있는 권리
  - 국가기관 및 자치단체 집행기관으로부터의 관여 배제
  - 지방의회의 조직·운영, 규칙제정권, 의원자격 등의 결정권, 내부 기율권, 자주해산권
  * 조직·운영에 관한 권한: ① 의장·부의장의 선출과 불신임권, ② 임시의장의 선출, ③ 위원회의 구성, ④ 의원의 사직 허가, ⑤ 의원의 자격 심사권, ⑥ 의원의 징계의결권, ⑦ 임시회의 소집권, ⑧ 개회·휴회·폐회와 회의일수의 결정, ⑨ 의안발의권
  * 회의규칙제정권: ① 자치법에서 정한 것 이외에 회의규칙으로 정함, ② 의원징계 중 자치법으로 정한 것 이외에 대해 회의규칙으로 정함

3) 지방의회의 조직과 운영

(1) 지방의회의 조직

① **지방의회의 구성방법**
  - 보통·평등·직접·비밀선거로 선출된 의원으로 구성
  - 지방의원선거에 관한 사항은 통합선거법에서 규정
  - 지방의회 조직은 의장, 부의장, 위원회, 사무국과 사무직원

② **의장과 부의장**
• **지위**
  - 의 장: 의회를 대표하고 의사를 처리하며, 회의장내 질서유지

및 의회사무 감독, 위원회에 출석하여 발언
- 부의장: 의장 사고 시 그 직무 대리
* 의장과 부의장 모두 사고 시 임시의장 선출 직무 대행
* 의장과 부의장선거 시 직무수행자가 없으면 연장자가 직무를 대행

- 수·선거·임기
- 수: 광역 의장 1, 부의장 2, 기초 의장 및 부의장 각 1명
- 선거: 무기명 투표, 궐위 시 보궐선거, 과반수 출석과 출석 과반수로 당선
* 선출방법: 지방의회가 선출, 주민이 직접 선출, 단체장이 의장 겸임
- 임기: 부권선거 당선자는 전임자의 잔여기간(원 임기는 2년)/ 의원임기의 1/2과 1/4방식

- **불신임의결**
  - 의장이나 부의장이 법령위반, 정당한 이유 없이 직무를 수행하지 아니하면 지방의회가 불신임
  - 재적의원 1/4 이상 발의와 재적의원 과반수 찬성으로 의결
  - 불신임 의결로 의장과 부의장 해임

- **권한**
  - 의장: 지방의회 대표, 정기회 및 임시회 소집공고권, 회의장내 질서유지권, 의회사무 감독권, 위원회에 출석발의권, 의결권, 조례안의 단체장 이송권, 확정조례의 예외적 공포권, 폐회 중 의원의 사직허가권
  - 부의장: 의장 유고 시 의장직무 대행

③ 위원회

• 지위

- 본회의 상정전 심사(대체로 본회의에서 통과)
- 안건에 대한 1차적 심사 및 실질적 심사

• 종류

- 상임위원회: 소관 의안과 청원 등 심사·처리 광역의회와 의원정
  수 13인 이상 기초의회에 둠
- 특별위원회: 특정한 안건 일시적으로 심사·처리
예) 예산결산특별위원회, 징계·자격심사특별위원회
* 상임위원회 소관사항이 아닌 것 또는 특정사안 처리, 상임위원회
  가 없는 기초의회에서도 운영
* 의회의 회기 중에 한함. 단 본회의 개회 중에는 개회 불가(예외 인정).
* 상임위원회의 과제: 13인 이하 기초단체, 상임위의 전문화 문제,
  그 종류는?

④ 사무국 및 사무직원

- 사무처(광역)와 사무국
- 의장 추천으로 단체장 임명

(2) 지방의회의 회의

① 회기

- 연간 회의일수 광역 120일, 기초 80일을 초과할 수 없다
- 개회·휴회·폐회와 회기는 지방의회 의결로 정함

- **정례회**
  - 광역 40일 이내, 기초 35일 이내(99년 8월 개정으로 2회 회기 합한 일수가 됨)
  - 지방행정 감사, 전년도 결산, 예산안 처리 및 기타 안건 처리
  * 정례회 7월, 11월 개최(99년 법 개정)

- **임시회**
  - 회기는 15일 이내
  - 총선거 후 최초 임시회의는 임기개시일 25일 이내에 단체장이 소집
  - 단체장이나 재적의원 1/3 이상 요구 시 요구일로부터 15일 이내에 임시회 소집
  - 임시회 소집은 집회일로부터 광역은 7일 전, 기초는 5일 전에 공고(예외 인정)

- **개회 ·휴회 ·정회 ·개의 ·유회**
  - 개회: 의회가 집회되어 회기동안 회의를 시작하는 것
  - 휴회: 회기 중 회의를 열지 않는 것. 본회의 휴회 중 위우너회 활동
  - 정회: 당일 회의 도중 사정에 의해 회의를 일시 중단하는 것. 회의중지
  - 개의: 회의가 진행되는 당일마다 회의 시작(반대가 산회)
  - 유회: 개의 시로부터 1시간 경과 시까지 정족수 미달 개의할 수 없음을 선포하는 것

② 정족수
- **의사정족수**: 지방의회가 개의할 수 있는 정족수. 재적의원 1/3(특별
정족수 존재)

- **발의정족수**: 심의할 의안 발의할 수 있는 정족수. 단체장, 재적의원
1/5, 의원 10인 연서

- **의결정족수**: 재적의원 과반수 출석, 과반수 찬성. 가부동수는 부결

③ 회의의 운영원칙
- **회의공개의 원칙**: 회의는 공개(의회의 토론사항 주민에 공개 신뢰획
득 및 민주정신 구현)
  * 예외: 3인 이상 발의, 출석의원 2/3 찬성 또는 의장이 사회의 안
  영과 질서 유지 위해 필요하다고 인정하는 경우 비공개

- **회기계속의 원칙**: 제출된 의안은 회기 중 의결되지 못한 이유로 폐
기되지 않음(임기만료 시는 예외)

- **일사부재의의 원칙**: 의회에서 일단 의결된 안건은 같은 회기 중에
동일문제에 관한 재심의를 할 수 없음

- **관련의원 제척의 원칙**: 의장이나 의원은 본인 또는 직계 존비속과
직접 이해관계가 있는 안건에는 참여 불가

- **발언자유의 원칙**

④ 의안의 발의

교육·학예에 관한 의안은 시도교육감이나 시도교육위원회의 의결을 거쳐 지방의회에 발의

⑤ 회의규칙 및 회의록
- 회의록 작성, 진행내용 및 출석의원 성명 기재
- 회의록에는 의장과 의회에서 선출한 의원 2인 이상 서명
- 의장은 회의록 사본 첨부 회의결과 단체장에 통고
- 회의록은 의원 전원에 배부

4) 지방의회의원의 권리와 의무

(1) 의원의 지위

* 주민의사 의회반영이 의무이자 권리
* 국회의원과 같은 특권(불체포, 면책) 불인정

※ 논쟁: 명예직과 유급직
- 대의회제를 채택하는 국가는 명예직, 소의회 채택국은 유급직
- 한국: 명예직으로 하되 일부 비용 지급
▶ 광역의원에 대한 의정활동비 월정액 지급
▶ 본회의 또는 위원회의 의결이나 의장의 명에 의해 공무여행할 때 여비지급
▶ 회기 중 활동지원 위한 회기수당 지급

* 다 같이 생각해 봅시다: 명예직? or 유급직?
- 명예직의 논거
- 유급직의 장점

(2) 의원의 임기

(3) 의원의 권리

① 회의와 관련한 권리
- **회의출석권:** 구성원으로 참석. 단 징계에 의한 출석정지 시 정지 기간 동안, 의장의 퇴장명령 시 명령해지나 회의 끝날 때까지 출석권 박탈

- **발언권:** 의안 결정하기 위한 자유로운 발언 인정. 단 취지나 내용이 간결 & 타인에 폐가 없도록 일정정도 제한
  - 발언의 허가: 의장 허가 없이 발언 불가(허가 없이 한 발언은 정규발언으로 효과 없음) 개회선언 전, 산회, 중지, 휴식선언 후 발언도 효과 없음
  - 발언의 제한: 내용상의 제한(다른 의원에 폐가 안 되며, 간결하고 의제범위 내에서)시간 및 횟수의 제한(필요 시 의장이 발언 시간 제한, 횟수도 일반적으로 제한)
  - 발언의 취소와 정정: 그 회기 중에 한해 본 회의의 허가로 발언 취소나 의장허가로 발언 정정

* **지방의회 회의규칙(경기도의 예)**
  - 의원이 발언하고자 할 때는 의장의 허가를 받아야 하며

- 발언 장소는 발언석에서 하되 간단한 사항이나 의장허가 시 의
  석에서 할 수 있으며
- 의제 외의 발언을 금지하고
- 같은 의제에 관하여 2회에 한하여 발언횟수를 제한하고
- 발언시간도 원칙적으로 20분으로 제한

• **의안제출권**: 장, 위원회, 의원(예산안 등 장에 관한 사항은 제외)
  * 발의정족수 참조

• **동의제출권**: 동의 및 찬성 요구. 일반적으로 의장이 발의

• **표결권**: 회의장내 의원에게만 부여
  * 이외에 출석요구 발의권, 회의비공개 발의권

② **회의 밖에서의 권리**
   - 임시회의 소집과 회의재개(휴회 중) 요구권
   - 청원소개권
   - 징계, 자격심사요구권
   - 행정조사발의권, 의장과 부의장의 불신임발의권

   * 회기 중 직무로 인해 상해나 사망한 때와 그 상해나 직무로 인한
     질병으로 사망 시 보상금 지급 광역의원에 한해 의정자료 수집ㆍ
     연구에 따른 활동보조비 월정액으로 지급

(4) 의원의 임무

- **청렴과 품위유지의 의무:** 사익보다 공익을 우선하고 양심에 따라 직무를 성실히 수행해야 하며 직무와 관련해서 청렴하고 의원의 품위를 유지해야 한다(광범위한 윤리와 도덕 요구, 윤리강령).
- **직권남용 금지의 의무:** 직위남용뿐 아니라 지위 이용한 이권개입 및 알선 금지.
  - 겸직·겸업금지의 의무: 영리목적으로 당해자치단체와 거래 금지, 한국방송공사 임직원, 특정조합의 중앙회와 연합회의 상근직원 및 중앙회장이나 연합회장 겸직 금지
  - 규율준수와 복종의 의무: 자치법과 회의규칙에 따라 규율을 지키고 질서를 유지할 의무
  - ▶ 국가 또는 지방자치단체의 기관이나 의회의 위신 손상하는 언동
  - ▶ 의사진행을 지연하거나 방해할 목적으로 신문, 잡지, 간행물 기타 문서를 낭독하는 행위
  - ▶ 의장의 허가 없는 자료, 문서 등의 인쇄물 배포 및 녹음, 녹화 촬영행위
  - ▶ 음식물의 섭취와 끽연
  - ▶ 회의와 관계없는 물품의 휴대반입
  - ▶ 기타 폭력의 행사 등 질서문란행위 금지
  - → 이상 위반 시 경고, 제지, 발언취소, 발언금지 및 퇴장. 징계도 가능
  - 회의출석의무
  - 의회가 결정한 의결사항을 집행·처리하는 기관
  - 특별·광역시장, 도지사, 시장·군수, 자치구청장의 일반집행기관
  - 교육위원회, 교육장 및 기타 행정위원회의 특별집행기관

5) 집행기관의 지위

- **국가기관으로서의 지위**: 국가의 특별행정기관이 담당하는 사무 이외의 국가사무 처리, 이때 국가의 하급기관 지위
- **지방자치단체의 기관으로서의 지위**: 지역적 사무를 주민의 의사에 따라 처리하고 집행
- **종합행정기관으로서의 지위**: 해당지역의 공공사무 종합처리

  * 주민자치(자치단체의 기관), 단체자치(국가기관) 현대(종합행정기관)의 지위

6) 자치단체의 장

(1) 단체장의 선임

- 방법: 임명과 공선제(직선제와 간선제 / 한국은 직선제)
- 피선거권자: 지방선거 선거권을 가진 자로 선거일 현재 25세 이상 선거일 현재 당해 자치단체 관할구역 안에 90일 이상 주민등록
- 입후보: 정당추천 및 무소속 후보
* 무소속 후보자:
▶ 기초: 선거권자 300인 이상 500인 이하의 검인된 추천장
▶ 광역: 선거구 내 기초단위 3/1 이상 포괄 1개 단위당 50인 이상 기준 1,000인 이상 2,000인 이하의 검인된 추천장
   → 선거관리위원회에 서면 신청

- 기탁금: 광역 5천만 원, 기초 1천만 원
- 유효표의 다수 득표자 당선(동수 시 연장자)
- 1인후보자의 경우 득표수가 총 유효투표의 1/3 이상 되어야 함
  (무투표당선 불인정)

   (2) 단체장의 지위

- 자치단체 목적 실현하는 집행기관으로 자치단체 대표
- 교육, 과학 및 체육사무 제외한 일반적 행정사무 통할
- 중앙정부 혹은 상급자치단체의 하급기관

- **자치단체 수장으로서의 지위**
  - 자치단체 대표: 외부에 대한 자치단체 대표(한국은 행정수반인 동시에 자치단체 대표)
  - 자치단체 집행부의 행정수반: 자치단체 사무 집행·관리하는 최고책임자
- **국가행정기관의 책임자로서의 지위**: 국가 또는 상급자치단체 하급행정기관으로서의 지위
- **지역문제 해결 및 조정자로서의 지위**: 광역단체장은 특히 관할지역 문제의 해결 혹은 조정자의 지위 지역문제나 지역 내의 제 기관 간의 갈등발생 시 지역관리 최고책임자로 해결하기 위한 노력
  예) 비공식이기는 하지만 5-6공의 지역기관장회의
- **기획가 혹은 지원자로서의 지위**: 해당지역의 총괄적 경영자 혹은 기획가
  - 지역생활환경개선 요구에 대응하기 위한 장단기 계획
  - 지역민의 지혜 응집

(3) 단체장의 권한

* 집행기관 구성 및 선임방법에 따라 차이
* 한국의 경우 교육, 과학, 체육사무 제외한 모든 행정사무 처리

- **자치단체의 대표 및 사무통할권**
  - 자치단체 대표: 자치단체 의사 대외적 표시 권한 법률적 의미
    (자치단체장의 행위는 바로 법률상 자치단체의 행위)
    정치적 의미(집행기관은 물론 의회, 주민을 모두 포함하여 자치
    단체 사무에 대한 자치단체의 입장을 집약적으로 나타냄)
  - 사무 통할: 자치단체 사무 전반을 내부적으로 종합·조정(예외
    있음/교육 등)

- **자치단체 사무의 관리 집행권**
  - 자치, 기관·단체위임사무 관리·집행

- **자치단체 사무의 위임·위탁권**
  - 조례가 정하는 바에 따라 권한에 속하는 사무 일부 위임 혹은 위탁
  * 위임(상하관계에 있는 기관 간)과 위탁

  - **소속직원에 대한 지휘·감독권 및 인사권**
  - 소속직원 지휘·감독하고
  - 법령과 조례·규칙이 정하는 바에 의해 임면·교육훈련·복무·징
    계 등에 관한 사항 처리
  * 지방공무원 임용 및 승진시험 등 실시를 위한 인사위원회 위원을

임명 혹은 위촉

- **소속 행정청과 자치단체에 대한 지도·감독권 및 직무이행명령권**
  - 소속의 각급 행정청 지휘·감독 및 그 장 임명

  예) 시장(구청장과 동장), 구청장(동장), 군수(읍면장)의 지휘·감독 및 임명

  - 관할구역 내 자치단체 지도·감독: 광역단체장의 기초단체 사무에 대한 조언·권고·지도 필요 시 자료제출 요구. 기초단체장의 명령이나 처분이 위법·부당할 때 기간 정해 서면으로 시정명령, 이행하지 않으면 취소 및 정지(단, 자치사무에 대해서는 법령에 위반하는 경우에 한함)
  - 기초자치단체에 대한 직무이행명령권: 광역단체로부터 기초단체장이 위임받아 처리하는 사무
  * 같은 자치단체이면서도 광역단체(장), 기초단체(장) 지도·감독에 대한 논의
  - 자치단체 통폐합·분할 혹은 신설 시 기초단체장 공석인 경우 광역단체장이 해당 자치단체장 선출 시까지 직무대행 지정할 수 있는 권한

  - **재정에 관한 권한**
  - 예산편성권과 집행권
  - 기채발행권(행자부 장관의 승인범위 내 지방의회 의결을 거침)

- **지방의회에 관한 권한**
  - 의회출석 및 진술권
  - 지방의회 의결 재의요구권

- 총선거 후 최초 의회의 임시회 및 일반임시회의 소집요구권
- 지방의회 사무국 직원의 임명권
- 단체장이 지방의회에 부의할 안건의 공고권

- **선결처분권**

- **기관·시설의 설치권:** 시도지사 승인으로 필요한 행정기구와 기관을 둘 수 있다.

- **입법에 관한 권한**
  - 조례 공포권
  - 조례안 거부권
  - 규칙 제정권

(4) 단체장의 의무

- 겸직금지의무: 국회의원, 지방의원, 헌법재판소 재판관 등 겸직 금지
- 영리사업 금지의무: 재임 중 자치단체와 영리목적의 거래나 자치단체와 관련 있는 영리사업에 종사할 수 없음
- 사무인계의무

(5) 지위의 상실

- 임기만료에 의한 상실(4년 3회)
- 사임 및 사망으로 인한 상실

- 공민권 제한으로 인한 상실: 재판 등으로 선거권 제한
- 겸임에 의한 상실
- 소환에 의한 상실

6. 지방자치단체발전을 위한 남북교류사업

1) 서 론

이제 남북 간 교류협력사업의 추진은 중앙정부 또는 일부 기업체 차원의 일만은 아니다. 2000년 6월에 있었던 남북정상회담과 남북공동선언 이후 전국의 많은 지방자치단체들은 남북교류협력사업이 남북 간 교류·협력의 물꼬를 트는 계기가 되는 것은 물론 분단극복의 돌파구가 될 것이라는 전망을 하면서 지역특성을 살린 다양한 교류 방안을 수립하고 이를 추진하고 있다.

지방자치단체 남북교류협력사업의 활성화는 북한 사회의 개방을 유도하여 남북한 주민들의 사회·문화적 이질성을 극복하고, 궁극적으로 평화통일의 기반을 구축하는 데 기여할 것으로 예상된다. 특히 지방자치단체의 남북교류협력사업이 주로 경제·문화·예술분야 등 비정치적 분야에 국한되어 있는 관계로 중앙정부 차원에서의 교류가 가지는 정치적·이데올로기적 한계를 줄일 수 있어 중앙정부 차원의 교류보다 지속성을 유지할 수 있다는 장점을 가지고 있다. 또한 지방차원의 남북 교류가 활성화될 경우 이는 남한 지방자치단체의 경영능력과 자율성을 한 차원 높이는 계기가 될 것으로 예상되고 있다.

지방차원의 분단국 교류·협력이 통일과 통일 후 민족동질성 회복에 긍정적으로 작용한 사례는 통일을 이룬 독일에서도 볼 수 있다. 서독이 추진하였던 동서독 지방정부 간 상호 교류협력·자매결연사업은 독일의 통일에 크게 기여하였음은 물론 통일 후 동서독 주민 간의 이질성 극복과 민족 동질성 회복에 상당한 기여를 한 것으로 분석되고 있다. 그러나 동서독 지방정부 간 교류협력사업이 늘 순조롭게 추진되었던 것만은 아니며, 교류사업을 주도하였던 서독 측에 만족할 만한 결과를 가져다주었던 것은 아니다. 오히려 서독의 지방자치단체에서 계획하였던 여러 교류사업이 동독의 거부로 인해 계획단계에서 실패한 적도 많았으며, 추진되었던 사업이 아무런 성과도 없이 종료된 적도 있었다. 또한 일부 사업의 경우 예상하였던 결과를 얻지 못하고 오히려 동독 측에게만 이득을 주기도 하여 여론의 비난을 받기도 하였다. 특히 동독은 교류협력을 통해 민족의 동질성을 회복하려는 서독의 의도와는 달리 경제적 이익과 동독체제의 정당성을 선전하려는 목적을 가지고 있었기 때문에 교류협력에 대한 약속에도 불구하고 합의한 사항을 지키지 않은 경우도 있었다.

독일의 사례에서 볼 수 있듯이 지방자치단체 남북교류협력사업은 일단 민족화합과 한반도 문제 해결에 긍정적으로 작용할 수 있겠지만, 모든 사업이 성공적으로 추진되고 그 과정에 아무런 문제가 발생하지 않는다는 보장은 없다. 오히려 기대했던 효과를 보지 못하고 실패로 끝날 가능성이 크며 그 과정에서 크고 작은 부작용이 나타날 가능성이 크다.

특히 최근 남한의 많은 지방자치단체가 추진하고 있는 남북 교류협력사업의 추진실태를 보면 사업의 실패 가능성과 여러 문제점이 나타날 가능성은 더욱 크다. 한 예로 어떤 지방자치단체에서는 지방선거를 의식한 단체장에 의해 성사가능성이 전혀 없는 사업이 전시용으로 추진되는 경우도 있으며, 일부 지방자치단체에서는 지역의 여건, 주민의 호응도, 대북 전문인력 등 대북사업을 독자적으로 추진할 수 있는 능력은 고려하지 않은 채 의욕만 앞세워 무리하게 사업을 추진하는 경우도 있다. 또한 지방자치단체 간 경쟁적인 대북사업의 발표로 인해 사업이 중복되는 경우도 있으며, 북한에 대한 과도한 현물지원과 이에 따른 사회문제 등 정부의 대북정책 추진에도 손상을 입을 수 있는 가능성이 나타나고 있다.

종합해 보건데 지방자치단체 남북교류협력사업은 남북관계에 획기적인 변화를 줄 수 있고 북한의 개방을 유도할 수 있는 계기가 될 수 있으며 지방자치제도의 발전에도 기여할 수 있지만, 반면 그 추진과정에서 많은 문제점이 제기될 수도 있고 최악의 경우 정부의 대북정책 전반에 걸쳐 부정적인 영향을 미칠 수도 있다.

2) 동서독 지방자치단체 교류사례 및 시사점

(1) 동서독 지방자치단체의 교류

① 추진과정

동서독 지방자치단체 간 교류는 크게 네 단계로 구분할 수 있다. 제1단계는 1950년부터 1969년까지로 동독이 먼저 교류협력을 적극적으로 제의한 시기였다. 이 시기 동독은 서독이 주장한 이른바 힐슈타인 독트린으로 인한 외교적 고립을 탈피하고 동독의 법적 지위의 승인을

획득하기 위한 방안으로서 지방자치단체 간 교류를 제의하였다. 그러
나 지방자치단체 간 교류사업을 국제적 교류의 제도화된 형식으로 간
주한 서독은 동독이 제의하는 지방자치단체 간 교류를 허용한다는 것
은 곧 동독을 국가로 인정한다는 것이기 때문에 동서독 자치단체 간
의 교류를 허용할 수 없다는 입장을 견지하였다. 2단계는 1969년부터
1985년까지로 이전 시기와는 반대로 서독이 동독에게 교류협력을 적
극적으로 제의한 시기였다. 서독은 이 시기 동안 독일정책 기본노선의
변화에 따라 동서독 지방 간의 교류협력을 본격적으로 제의하였다. 그
러나 동독은 "전제조건의 미충족"이라는 애매한 이유로 서독 측의 제
의를 거절하고, 오히려 다른 서방국가의 지방자치단체들과 교류를 추
진하였다. 동독정권은 내독 지방 간의 자매결연이 동독체제의 개방을
의미하는 것이고, 이는 체제의 부정적인 영향을 미칠 것이라고 판단하
여 서독의 제의를 거절하였던 것이다. 대신 동독은 국제사회에서 국제
법상 서독과 동등한 국가로서 인정을 받기 위해 동구권 국가와는 물
론 서방국가의 지방자치단체들과의 교류를 적극적으로 추진하였다.

제3단계는 1985년부터 동독정권 붕괴 전까지로 동서독 지방자치단체
간 교류·협력이 실제적으로 성사되는 동시에 확산된 시기였다. 1980년
중반 이후 동독은 동독이 국제사회에서 서독과 동등한 국가로 인정받
았다고 평가하였다. 또한 자신들의 체제는 대내외적으로 안정되었기
때문에 서독을 포함한 국제사회에 개방해도 커다란 문제가 없다고 판
단하였다. 따라서 이 시기부터 동독은 서독이 꾸준히 요구해 왔던 지
방자치단체 간 교류에 대해서도 기존의 태도를 바꾸어 점차 허용하기
시작했다. 따라서 1985년 이후 동서독 지방자치단체 간 교류·협력은
기존의 고착상태를 벗어나 본격적으로 추진되었던 동시에, 동서독 통
일 시까지 다수의 지방자치단체 간 자매결연사업이 체결되었다.

동서독 간 지방자치단체의 교류협력과정에서 동독정권은 동독체제에 미칠 영향력에 대비하였으며 가끔 지방자치단체 간 교류사업을 통제하는 조치를 취하기도 하였다. 그러나 시작된 교류협력은 시간이 경과될수록 양적으로 증가하였으며, 지방자치단체 간 교류사업이 증가했다는 사실은 동독정권이 동서독 교류를 통한 이익을 중요하게 평가하고 있었음을 입증한다.

한편 동서독 지방자치단체 간 교류사업이 활성화되자 오히려 준비가 미흡하였던 서독은 갑작스러운 협상 및 조약과정에서 적지 않은 시행착오를 겪기도 하였다. 한 예로 서독에서는 동독 지방행정조직과의 자매결연 협상 및 체결과정에 대한 통일된 지침이 거의 전무한 실정이었다.

동서독 지방자치단체 간 교류의 제4단계는 동독의 붕괴과정이 시작된 1989년 이후로, 동서독 지방자치단체 간의 자매결연이 통일에 실질적으로 기여한 기간이다. 1989년 11월 9일, 베를린 장벽이 무너진 후 동독 공산정권의 자매결연에 대한 통제가 사라지면서 동서독 지방자치단체 간 자매결연의 수는 이전의 두 배가 넘게 증가했다. 지방자치단체 간 교류의 성격에 있어서도 통일 이전의 지방자치단체 간 교류가 다분히 형식적이고 상징적인 성격을 띠었던 반면에 통일 후 구동서독 지방자치단체 간 교류사업은 자매결연을 통해 좀 더 실질적이고 체계적인 관계를 유지하였다.

② 추진배경

지방자치단체의 교류협력과 관련하여 동서독의 입장은 각기 달랐는데, 먼저 서독은 교류활성화를 통하여 내독관계의 실질적 발전의 도모와 함께 통일의 과정 속에서 동서독 간의 교류를 지속함으로써 민족적 동질성을 유지하려는 목적을 가지고 있었다. 지방자치단체들도 동독의 지방과 교류협력에 대해 관심을 표명했었는데, 서독 지방자치단체들이 도시 간 자매결연 체결에 대해 매우 적극적인 태도를 보인 이면에는 이와 같은 목적 이외에도 다른 실질적 목적 및 의도가 있었다. 자매결연에 대한 서독도시들의 목적 및 의도는 매우 다양하기 때문에 일반화시키는 것이 쉽지 않지만 서독의 거의 모든 도시들은 동독도시와의 교류와 자매결연 등을 통해 자신들의 위상을 고양시키려는 목적을 공통적으로 가지고 있다.

반면 동독의 경우 서독의 요구에 대한 호응은 내독 간 교류협력을 통하여 주민들의 내적 불만을 해소하려는 일종의 위기관리를 위한 전략적 선택이었다. 또한 동독은 지방자치단체 간 교류를 통하여 동서독 관계를 국제법적 관계로 접근함으로써 서독을 비롯한 서방국가로부터 동독체제의 정당성을 인정받는 동시에 서독으로부터 경제적 이익을 확보하려는 의도를 가지고 있었다. 체제정당성과 관련하여 동독은 대외적으로 서방 국가들의 지방자치단체들과의 협력을 추진하는 한편, 대내적으로 서독의 지방자치단체들과의 협력을 확대함으로써 서독주민에 대한 영향력을 확대하는 동시에 서독정부의 독일정책에 대한 국민여론을 분열시키려는 목적도 가지고 있었다.

③ 추진성과

① 전문가 교류

전문가 교류사업은 지방자치단체의 정책적 문제들에 대한 경험을 교환하기 위하여 시정 각 분야의 전문가들이 서로 만나 의견을 나누는 형

태로 진행되었다. 주요 안건으로는 도시문제를 비롯한 교통문제, 환경
문제 등이 주로 다루어졌으며 이외에 다른 다양한 문제도 다루어졌다.

② 청소년 교류

청소년 교류는 지방자치단체 교류사업 중에서 가장 보편화된 것으
로 대부분 15세에서 20세 사이의 서독 청소년들이 단체로 동독의 자
매도시를 방문한 후 이에 대한 동독의 답방이 이루어지는 방식으로
추진되었다.

③ 평화문제관련 교류

평화관련 의제는 대부분의 지방자치단체 교류협력 조약문에 포함될
정도로 비중 있게 다루어졌으며 따라서 동서독 자매도시 간에 평화관
련 회의가 매년 개최되었다. 그러나 이러한 평화관련 회의는 정치적
목적을 가지고 있었던 동독 측의 요구에 의해 주로 개최되었으며 서
독 측 참가자들은 대체적으로 의무적 참여 수준에 머물렀다.

④ 문화교류

동서독 지방자치단체 간 문화교류사업은 전람회, 음악인들의 상호
교환 연주, 무용발표, 영화상영 및 문학가들의 모임 등 다양한 형태로
서 이루어졌다.

⑤ 체육교류

동서독은 1974년에 체육협정을 체결하였으며, 1986년 5월에 체결된
문화협정에서도 체육분야의 교류와 협력을 지원하기로 합의하였다. 지
방자치단체 간 체육교류는 일반주민들이 함께 동참할 수 있는 종목을

중심으로 구성되었는데 볼링대회, 축구대회, 탁구대회 등이었다.

④ 추진과정의 한계와 문제점

동서독 지방자치단체 간 교류협력 과정에서 나타난 근본적인 한계와 문제는 동독에서부터 출발하였다. 그 구체적인 한계와 문제는 다음과 같다.

첫째, 동독이 자주 합의 사항을 불이행한 것이다. 동독은 서독과 합의한 사항도 동독의 내부사정 등을 내세우면서 이행하지 않은 경우도 있었다.

둘째, 동서독 도시 간 교류협력에도 불구하고 동독당국은 주민들의 접촉을 차단하려고 노력하였으며, 이 때문에 서독의 교류도시를 방문한 동독대표들이 서독 주민들과 사적으로 접촉할 수 있는 기회는 전무하였다.

셋째, 동독의 관료적 경직성으로 인해 동독방문에 필요한 비자발급 기간이 길었으며, 모든 협의과정상에서 시장 또는 고위당국자들의 개입 등의 관료주의는 동서독 지방자치단체 간 교류에 문제점으로 작용하였다.

넷째, 서독의 도시들은 지방자치행정을 보장하는 기본법과 헌법재판소의 판결에 따라 지방자치단체 간 교류에 대한 독단적 결정권을 보유하였던 반면에 동독의 도시들은 헌법상 보장된 자립권을 가지고 있었음에도 불구하고 실제로는 '민주주의적 중앙집중주의'라는 미명 아래 중앙집권적 체제에 속박되어 있었다. 따라서 동독 도시당국이 자율적으로 도시 간 교류협력사업을 추진하기는 사실상 불가능하였다.

다섯째, 동독의 민간인들은 서독방문 직전까지 동행할 일행에 대해서 알지 못하였으며, 더욱이 대표단을 통제하는 사람의 지시에 따라야 하는 관계로 심리적 압박을 받았다.

반면 서독의 경우도 동서독 지방자치단체 간 교류사업은 추진과정 속에서 효율적 대응 및 관리의 문제를 항상 안고 있었으며 이로 인하여 적지 않은 혼란을 겪게 되었는데 그 문제점은 다음과 같다.

첫째, 동서독 지방자치단체 간 교류사업 추진 초기에 나타난 혼란은 대개의 경우 준비부족에 기인한 것이었다. 서독은 동독에 지방자치단체 간 교류사업을 지속적으로 제의하였지만 구체적인 사업계획안을 준비해두지 못하였다.

둘째, 지방분권주의에 기초한 서독의 행정체제 특성상 연방차원에서 동서독 지방자치단체 간 교류에 관한 통일된 지침이 조기에 마련되지 못함으로써 중앙집권적 행정체제를 가진 동독 측과의 협상에서 여러 가지 시행착오와 어려움을 겪게 되었다.

셋째, 자매결연 조약체결과 관련하여 정부의 권한을 둘러싼 연방정부와 지방자치단체 간의 갈등이 고조되었다. 자매결연 조약체결과 관련, 연방정부는 적지 않은 수의 지방자치단체들이 연방정부의 권한을 침해하고 있다고 경고하였다. 경고의 주요 내용은 지방자치단체들이 연방정부의 독일정책 기조와 일치하지 않는 내용을 동독 측과 합의함으로써 혼란을 조장한다는 것이다.

(2) 동서독 지방정부 교류협력사례의 시사점

독일은 20여 년간에 걸쳐 동서독 간의 대화를 꾸준히 진행시켜왔으며, 특히 서독은 동독이 어려울 때마다 경제적으로 지원함으로써 동독이 서독의 영향권에서 벗어나지 못하도록 유도하여 왔다. 서독의 이러한 지속적인 노력은 동서독 지방자치단체 간의 교류가 꾸준히 진행될 수 있었던 원동력이었다. 그러나 서독의 의도를 알고 있는 동독은 이를 이용하였기 때문에 그 과정에서 많은 문제점이 발생하기도 하였다. 이를 통하여 독일의 사례가 우리에게 주는 시사점이 무엇인가를 파악해보자.

① 준비에 관한 시사점

서독은 동독에 지방자치단체 간 교류사업을 제의하였지만 구체적인 사업계획안을 준비해 두지는 못하였다. 서독 지방자치단체에는 동독정치 및 행정체계에 대해서 실무적 교육을 받은 자가 부족하여 대동독 교류협력 과정에서 많은 시행착오를 겪었으며 기대한 성과를 거두지 못하였다. 따라서 우리의 경우도 정부는 지방자치단체의 남북교류협력 사업에 대한 세심한 준비를 하여야 하며, 특히 사업을 추진하려는 자치단체들도 사업의 실현가능성, 실효성 등을 꼼꼼히 따진 후에 사업을 추진하여야 할 것이다.

② 교류·협력 접근 방법에서의 시사점

서독정부는 지방자치단체 간 교류사업의 접근태도로서 크게 세 가지 점을 강조하였다.

첫째, '작은 보폭'의 점진적 접근 및 인내심에 관련된 지적이다.

둘째, 서독정부는 서독의 지방행정가들에게 동독 측과의 협상 시 확고한 태도를 보이는 것이 매우 중요하다고 강조하였다. 예를 들어 지방자치단체 간 교류협상이 시작되었다는 사실 때문에 '무리한 대가'를 지불하더라도 교류협상을 성사시켜야 한다는 태도를 지양할 필요가 없다는 것이다.

셋째, 지속적이고 규칙적인 접촉(서면 또는 전화)을 유지하는 가운데 상호 방문이나 관계 확대를 단호하게 요구해야 한다는 것이다.

③ 교류추진 과정상에서의 시사점

독일의 사례에서 알 수 있듯이 북한은 협의한 사실에 대해 공식적으로 서명을 하지 않을 수도 있으며, 약속이나 협약 등이 이루어진 이후에도 태도를 바꿀 수도 있음을 유의해야 할 것이다. 따라서 남한의 자치단체는 협상 시 가능한 한 책임 있는 북한인사의 서명과 함께 북한이 사업에 대한 약속 불이행과 태도 변화에도 대비를 하여야 한다.

④ 사업선정에 관한 시사점

독일의 경우 지속적인 지방자치단체 간 교류가 가능하였던 것은 결국 정치적 이해관계를 벗어나 다각도의 교류와 함께 실제적 협력과정을 통한 노력의 결실이었다.

이와 같이 남북한 지방자치단체 간 교류 사업에 있어서도 실현 가능하며 실질적 도움을 줄 수 있는 사업을 발굴하는 것이 교류협력의 성패를 좌우하게 될 것이다.

3) 지방자치단체 남북교류협력사업의 추진체계

(1) 지방자치단체 남북교류협력사업의 추진체계

'남북교류협력에관한법률'에 의하면 북한과 교류협력사업을 추진하고자 하는 개인과 단체는 먼저 통일부 장관으로부터 협력사업자 승인을 얻어야 하며, 이후 매 사업마다 승인을 받아야 한다. 또한 통일부 장관이 원할 경우 사업의 시행결과도 보고하여야 한다. 이와 같은 현행 법률에 의하면 지방자치단체 남북교류협력사업의 승인 주무부서는 통일부가 행사하고 있지만 남북정상회담 이후 지방자치단체의 남북교류사업이 증가될 것으로 예상한 통일부가 사업의 체계적 추진을 위하여 행정자치부에게 사업승인에 관한 업무를 위임하였기 때문에 사실상 행정자치부가 사전에 심사하여 승인여부를 결정하고 이를 통일부에 통보하고 있는 상황이다. 통일부는 행정자치부의 심사결과를 검토하기는 하지만 대부분 그 승인여부를 번복하지는 않는다. 다만 사업관련 부서와의 협의사항 등을 추가적으로 검토할 뿐이다.

행정자치부는 심사의 전문성과 공정성을 확보하는 한편 사업의 체계적이고 효율적인 지원을 위해 '지방자치단체 남북교류협력사업 심사위원회'를 구성하였다. 행정자치부 자치행정국장을 위원장으로 하고 관계 전문가 6~7명으로 구성된 심사위원회는 지방자치단체가 상정한 남북교류협력사업의 사업계획서를 심사하여 그 승인여부를 결정할 뿐만 아니라 지방자치단체 남북교류협력사업의 성과 및 문제점을 분석하고 기타 사업의 전반적인 개선 및 지원 방향을 논의하여 정부에 건의하기도 한다. 심사위원회의 심사기준은 아래 표에서 보는 바와 같이 사업의 실현 가능성, 지방자치단체 간 사업의 중복 추진 여부, 사업의 적정성 및 실효성, 지방자치단체의 추진능력, 공공복리와 국익에 부합하는 정도 등이다. 아울러 심사위원회는 교류가 용이하고 비정치적인 사업부터 점진적으로 추진하여야 하며, 분쟁의 소지가 적은 사업부터 우선적으로 추진한다는 것을 심사원칙으로 세우고 있다.

지방자치단체 남북교류협력사업 심사기준

심사기준	세부기준
사업의 실현 가능성	·역사적 동질성, 지역적 근접성, 상호보완성 ·교류의 용이성 여부 ·민간단체 간 인도주의적 지원사업 우선 추진
지방자치단체 간 사업의 중복추진 여부	·지방자치단체 간 동일하거나 유사한 사업의 중복추진 ·이미 추진 중인 사업과의 경쟁 유발 가능성
사업의 적정성 및 실효성	·사업계획의 내용 및 사업규모의 적정성 ·상호 지역발전과 이익기대 가능성
지방자치단체의 사업추진능력	·지방자치단체의 재정여건, 지역주민의 호응도 등 추진역량 ·북한 측에 실질적 도움을 줄 수 있는지 여부
공공복리 등 국익부합여부	·국가안전보장, 공공질서, 공공복리 저해여부 ·정부 통일정책 부합여부

이상의 내용을 종합한 지방자치단체 남북교류협력사업의 공식적 추진절차는 다음과 같다.

제1단계: 남북교류협력사업을 희망하는 지방자치단체는 사업의 목적, 내용, 북한의 교류희망 지역, 예산, 예상 성과 등 세부계획을 수립한다. 세부계획 수립 시 관계 전문가, 사회단체 등의 자문을 구하여야 하며 주민들을 대상으로 충분한 홍보를 거친 후 지방 의회에 보고하여 의결한다.

제2단계: 해당 지방자치단체는 최종 의결된 사업계획서를 기초로 하여 행정자치부에 사업 승인 신청을 한다.

제3단계: 행정자치부는 '지방자치단체 남북교류협력사업 심사위원회'를 개최하여 신청된 지방자치단체의 사업계획서를 심사기준에 따라 심사한다. 특히 특정 사업의 경우 관계 부서의 의견은 사업 심사에 결정적인 역할을 하고 있다. 예를 들어 심사위원회는 강원도가 신청한 남북 공동조업·어장설정 사업에 대해서 처음에는 긍정적인 사업으로 판단하여 사업추진을 승인하려 했으나, 지방자치단체가 단독으로 추진하는 사업이 아닌 정부에서 주관하여야 할 사업이라는 해양수산부의 의견에 따라 승인하지 않았다.

제4단계: 행정자치부는 심사위원회의 심사 결과를 통일부와 동시에 해당 지방자치단체에 통보한다.

제5단계: 행정자치부 심사위원회의 심사결과를 통보받는 지방자치단체는 승인을 받은 사업에 대해 통일부에 '협력사업승인' 신청을 한다. 행정자치부는 승인을 받지 못한 사업은 더 이상 추진할 수 없다.

제6단계: 통일부는 지방자치단체가 신청한 사업에 대해 '남북 교류협력에 관한 법률'에 의거, 심사하고 승인여부를 최종 결정한다. 이때 통일부는 행정자치부의 심사결과를 참조해 심사에 통과한 사업에 대해서는 특별한 사유가 없는 한 대부분 승인한다.

제7단계: 통일부로부터 남북교류협력사업을 최종 승인 받은 해당 지방자치단체는 북한과 교류협력사업을 추진한다.

제8단계: 교류협력사업 추진결과 및 성과를 통일부와 행정자치부에 보고한다.

이상 언급한 것은 공식적인 추진절차이다. 그러나 현재 대부분 지방자치단체의 경우 이미 사업의 구상단계에서 북한과 간접적으로 접촉하여 사업의사 및 사업과 관계된 구체적 조건을 타진하는 것이 보통이다. 즉 대부분의 지방자치단체들은 사업승인 후 북한의 사업의사를 타진하고 사업을 추진하는 것이 아니라, 이미 사업의 구상단계에서 북한과 교류가 잦은 기업체(예를 들어 현대아산주식회사 등), 북한관련 연구소 등을 통해 북한의 사업의사를 타진하고 사업추진에 대한 대략적인 협의를 한 후 행정자치부에 사업승인 신청안을 제출하고 있다. 지방자치단체들이 행정자치부 사업승인 신청 이전에 북한 측의 의사를 타진하는 것은 사업대상인 북한에 대한 정보를 수집하는 것은 물론 궁극적으로는 사업의 실현 가능성을 높이기 위한 것이라고 보인다.

(2) 지방자치단체 남북교류협력사업 심사위원회 심사결과 분석

① 사업신청 및 승인현황

이미 언급한 바와 같이 2000년 7월 이후 지방자치단체의 남북교류협력사업이 행정자치부로 일원화됨으로써, 모든 지방자치단체의 남북교류협력사업은 추진되기 이전에 우선 '남북교류협력사업 심사위원회'의 심사를 통과하여야 한다.

2000-2001 지방자치단체 남북교류협력사업 심사결과

심 사	추진주체	사업명	승인여부	추진실적
1차 (2000.8.24)	부산	제81회 전국체전 금강산 성화 채화	승인	성사
	대전	제2차 WTA(세계과학도시연합) 총회에 북한과 학도시 초청	승인	무산
	경북	'경주세계문화엑스포 2000' 아시아·유럽공연 예술축제에 북한예술공연단 초청	불승인	
		'경주세계문화엑스포 2000' 아시아·유럽포럼에 북한 인사 초청	승인	무산
	제주	한라에서 백두까지 '평화통일 염원 合水·合土 행사	승인	무산

심 사	추진주체	사업명	승인여부	추진실적
2차 (2000.10.9)	충남	2002 안면도 국제 꽃박람회 북한 참여 계획	승인	
		2001년 전국체전 북한초청 계획	불승인	
		황해남도와 자매결연 추진 계획	불승인	
		2002년 동아마라톤 대회 북한 인사 초청	승인	
	전남	평안남도와 자매결연 추진계획	불승인	
	경남	道남북교류사업 추진을 위한 방북계획	승인	무산
3차 (2000.12.20)	강원	'금강~설악권' 솔잎혹파리 공동예방사업	승인	성사
		남북 공동조업·어장설정	불승인	
		연어·치어 방류	승인	성사
	충남	2001 전국체전 '성화채화' 및 '특산품 교류전' 북한참여	승인	무산
	전남	평안남도와 교류추진	불승인·재심사	
	서울도봉	북한지방과 교류협력 추진	불승인·재심사	
	전북군산	황해남도 해주시와 문화교류(해주시에서 오페라 '탁류' 공연)	승인	무산
		황해남도 해주시와 어업교류(공동입어, 양식, 유통·가공분야)	불승인·재심사	
	전남목포	신의주시와 인도적 지원사업 및 교류협력추진	인도지원사업 -승인	추진 중
			감축어선과 장비지원 - 불승인·재심사	
	경북 포항	'포항~청진'간 교류협력 추진	불승인·재심사	
4차 (2001.1.18)	전북	2001 전주 세계소리축제 북한음악단체 초청	불승인	
		제2회 군산~전주 간 국제마라톤대회 북한선수 초청	승인	무산
	서울도봉	북한지방과 문화·체육교류협력 추진	불승인·재심사	
	강원철원	남북 철원군 농업교류 추진	승인	추진 중
		궁예·태봉국 학술회의 및 태봉제 북철원 참여	승인	추진 중
5차 (2001.5.31)	대전	제2회 WTA(세계과학도시연합) 대전 테크노마트에 북한 과학도시 초청	승인	무산
	서울강동	평양시 강동군과 선사문화 학술회의 개최	불승인·재심사	

심 사	추진주체	사업명	승인여부	추진실적
6차 (2001. 8.22)	서울강동	평양시 강동군과 선사문화 학술회의 개최	승인	추진 중
		모조장신구(액세서리) 특화 사업 협력 추진	불승인	
	전남	평안남도 우량씨 감자 생산 지원	승인	추진 중
	강원철원	남북 고성군간 농·수산 분야 교류협력	승인	추진 중

2001년 8월, 제6차까지 진행된 심사위원회의 심사결과를 보면 전국의 지방자치단체 중 남북교류협력사업에 관심을 가지고 행정자치부에 한 건 이상의 사업을 신청한 자치단체는 16개이며, 이들 자치단체가 신청한 사업의 심사 건수는 총 33건이다. 이 중 2건의 사업은 해당 자치단체가 동일 사업에 대해 2회에 걸쳐 심사위원회에 신청한 사업으로 중복되었기 때문에 사실상 실제 사업은 총 31건이라고 볼 수 있다. 중복 신청되었던 2건의 사업은 전라남도가 추진했던 평안남도와의 교류협력사업과 서울 강동구가 추진하였던 평양 강동군과의 선사문화 학술 교류사업으로, 전라남도가 신청한 사업은 제3차 심사 시 사업의 구체성이 결여되었다는 이유로 일단 불승인되었으나 제6차 심사 시 재신청되어 결국 승인을 받았으며, 서울 강동구가 추진하였던 사업도 처음에는(제5차 심사 시) 불승인되어 사업 계획을 보충하여 재신청할 것을 요구받았으나 나중에(제6차 심사 시) 승인 받았다. 실질적으로 심사된 31개의 사업 중 심사위원회가 승인한 사업은 19건이었다. 나머지 12건의 사업에 대해서는 불승인을 확정하였거나 또는 일단 불승인하였으나 해당 지방자치단체가 사업계획을 보충하여 다시 신청할 경우 심사하기로 하였다.

승인된 19건의 사업 중 2001년 8월, 현재 성사된 사업은 부산광역시가 추진하였던 제81회(2000년) '전국체전 금강산 성화채화'와 강원도가 추진하였던 '북한지역 연어 치어 방류사업', '금강-설악권 솔잎혹파리 공동방제작업' 3건의 사업에 불과해 지방자치단체 남북교류사업의 성사가 용이하지 않다는 것을 보여주고 있다.

남북교류협력사업 심사위원회는 불승인한 12건의 사업 중 6건의 사업에 대해서는 불승인을 최종 확정하여 같은 사업에 대한 재신청을 허용하지 않았으며, 나머지 6건의 사업에 대해서는 불승인하였으나 해당 자치단체가 사업을 재차 신청할 경우 재심사 기회를 부여하기로 하였다.

불승인 및 재심사의 사유를 구체적으로 설명하면, 첫째 사업의 실현 가능성이 낮은 경우이다. 사업의 실현 가능성이 극히 낮은 사업을 무리하게 추진할 경우 북한이 사업성사의 대가로 무리한 요구를 할 수 있고, 사업을 추진하려는 지방자치단체는 이를 거절하지 못함으로써 문제가 발생할 수 있기 때문이다.

둘째, 사업의 규모가 적절하지 않은 경우, 특히 사업을 추진하는 자치단체의 사업추진 능력을 초과하는 경우이다. 즉 지방자치단체가 재정여건, 주민의 호응도, 북한에 관한 정보능력 등을 고려하지 않은 채 무리하게 사업을 추진하지 않는가는 중요한 심사기준이다.

셋째, 사업의 구체성이 결여된 경우이다. 심사위원회는 심사 시 지방자치단체가 추진하는 사업의 구체적인 사업내용과 함께 그 대상지역이 있을 경우 그 대상지역을 선정한 이유, 소요 예산, 예산 조달방법, 세부 추진일정 등 구체적인 사업계획을 요구하고 있다.

넷째, 중앙정부 차원에서 추진하여야 할 사업 또는 현재 정부가 추진하고 있는 사업을 지방자치단체가 추진하겠다고 한 경우이다. 이들 사업들은 남북공동조업·어장설치, 감축어선 지원 사업 등으로 지방자치단체로서는 단독으로 해결하기 어려운 사업으로 정부가 적극적으로 개입하여 해결해야 할 사업이거나 정부가 주관하여야 할 사업이다.

다섯째, 남북 지방·도시 간의 자매결연 사업이다. 심사위원회는 현재의 상황에서 남북 지방·도시 간의 자매결연사업은 실현 가능성이 없는 대표적인 사업이라고 판단하였다. 대부분의 지방자치단체에서는 자매결연의 취지와 목적은 물론 자매결연 후 어떤 사업을 할 것인가를 정하지 않은 채 무조건 자매결연의 체결을 추진하였다. 특히 대상 지역에 대한 자세한 정보와 교섭창구도 확보하지 않은 채 추진의사를 밝혔다. 따라서 심사위원회는 사전에 충분한 교류협력을 통한 신뢰구축이 없는 상태에서 북한이 남한의 지방자치단체가 원하는 자매결연을 수용할지의 여부가 극히 불투명하다고 판단했을 뿐만 아니라 그 추진과정에서 많은 문제가 발생될 수 있다고 보고 당분간 모든 자매결연사업에 대해 불승인하고 추후 지방차지단체의 남북교류사업이 활성화 되었을 때 북한의 반응에 따라 자매결연을 추진하는 것이 바람직하다는 결론을 내렸다.

지방자치단체	사업명	불승인(재심사)사유
경북	'경주세계문화엑스포 2000' 아시아·유럽 공연예술 축제에 북한 예술 공연단 초청	실현 가능성이 저조
충남	황해남도와 자매결연 추진계획	실현 가능성이 저조
전남	평안남도와 자매결연 추진계획	실현 가능성이 저조
강원	남북 공동조업·어장 설정	공동어장 설정문제는 정부차원에서 협의
전북	2001 전주 세계소리축제 북한음악단체 초청	초청대상 불확실 (구체성의 결여)
서울 강동	모조장신구(액세서리)특화사업 협력 추진	실현 가능성 저조

재심사예정 사업: 5건

지방자치단체	사업명	불승인(재심사) 사유
서울 도봉	북한지방과 교류협력 추진	사업의 구체성 결여
	북한 지방자치단체 문화·체육교류협 추진	사업의 구체성 결여
전북 군산	황해남도 해주시와 어업교류 (공동조업, 양식, 유통·가공분야)	중앙정부차원에서 추진하여야 할 사업
경북 포항	'포항~청진'간 교류협력 추진	사업의 구체성 결여
전남 목포	신의주시 감축어선 장비지원	중앙정부차원에서 추진하여야 할 사업
충남	2001년 전국체전 북한초청 계획	성사 가능성 희박

② 사업의 내용분석

심사위원회 심사에 신청되었던 사업을 내용별로 구분하여 보면 다음과 같다.

지방자치단체 남북교류협력사업 사업별 내용

사업내용	사업건수	승인여부
사회·문화교류	11건	승인 8건, 불승인 2건, 재심사 1건
학술교류	2건	승인 2건
농업·수산업 교류	7건	승인 4건, 불승인 1건, 재심사 1건
스포츠교류	3건	승인 2건, 재심사 1건
인도지원사업	2건	승인 1건, 재심사 1건
경제협력	1건	불승인 1건
자매결연	2건	불승인 2건
기타	3건	승인 1건, 재심사 2건
합계	총 31건	승인 19건, 불승인 7건, 재심사 5건

표에서와 같이 지방자치단체들은 남북교류협력사업을 추진할 때 정치·경제분야의 교류보다는 사회·문화·학술교류, 농·수산업교류, 스포츠교류 등을 선호하고 있다는 것을 알 수 있다. 특히 사회·문화교류의 선호도는 다른 분야보다 월등히 높게 나타나고 있다.

사회·문화분야, 학술·스포츠 교류사업은 성화채취, 학술 또는 스포츠 교류를 위한 북한 인사초청, 음악단체 초청, 남한과 북한의 합수·합토 행사 등으로서, 이 분야의 교류는 대부분 일회성·이벤트성 사업의 성격을 띠고 있다고 볼 수 있다. 따라서 이들 사업은 지속적인 교류협력사업이 될 수 없고, 사업을 수행하는 남측은 물론 특히 북한에 실질적인 도움이 되지 못한다는 점에서 부정적인 면도 없지는 않다. 그러나 사회·문화·학술·스포츠분야의 교류는 다른 분야보다 그 추진과정이 비교적 용이하며 북측의 입장에서 보면 수용하기에 부담이 적어 사업의 성사 가능성이 높다는 장점도 가지고 있다. 특히 현재 지방자치단체의 남북교류협력사업이 초기단계이기 때문에 과도한 예산·인력이 소요되는 사업을 추진할 수 없다는 점도 염두에 두어야 하기 때문에 사회·문화·학술·스포츠분야 위주의 교류협력은 그 단점에도 불구하고 많은 지방자치단체들이 선호하는 사업으로 꼽히고 있다. 또 농·수산 분야의 교류사업도 북한이 다른 사업에 비해 부담을 느끼지 않아 비교적 손쉽게 북한과의 사업을 성사시킬 수 있는 사업이기 때문에 지방자치단체들이 선호하는 사업 중의 하나이다. 따라서 비교적 많은 7건이 사업안건으로 선정되어 5건이 승인 받았으며, 이 중 강원도가 추진했던 '북한지역 연어치어 방류사업'과 '금강~설악권 솔잎혹파리 공동예방사업'은 성공적으로 성사되기도 하였다. 심사위원회에서도 농·수산업분야는 남북한 양측에 부담이 적어 쉽게 성사될 수 있는 상업이며, 그 효과도 다른 사업에 비해 크게 나타나는 사업이라고 판단하고 앞으로도 가능하면 승인하여 적극적으로 추진되도록 하였다.

　사회·문화분야, 농·어업분야, 스포츠분야의 교류에 이어 지방자치단체들이 관심을 갖는 분야는 북한 지방과의 자매결연 사업이다. 남한의 지방자치단체와 북한 지방과의 자매결연이 성공적으로 체결되면 이후 문화·예술, 경제교류 등 다양한 교류사업을 추진할 수 있고, 이를 통해 상호 우의를 증진함으로써 분단 이후 상실된 민족동질성의 회복 및 평화적 통일 여건의 조성에 기여할 것으로 예상된다. 독일의 예를 보더라도 지방정부차원에서 자매결연을 체결하고 다양한 교류를 추진하는 것은 교류협력방안의 다양화를 의미하는 것으로, 중앙정부 차원의 교류에서 나타나는 문제점을 극복하고 분단국 상호 갈등 해소, 통일 기반의 조성 등에 상당한 기여를 할 것으로 예상된다. 그럼에도 불구하고 심사위원회는 다음과 같은 이유로 인해 남한의 지방자치단체와 북한 지방과의 자매결연 사업이 그리 간단한 문제가 아니라고 판단하였다. 첫째, 사업의 실현 가능성이 매우 낮기 때문이다. 남북교류에 대한 기본적인 태도가 '폐쇄유지'와 '제한적 개방' 사이를 유지하고 있는 북한이 지방 간 자매결연을 체결하자는 남측의 제의를 선뜻 받아들이기는 매우 어려울 것이다. 북한은 경제적 어려움 등의 이유로 남한과 제한적인 교류협력을 허용하고 있지만 기본적으로 지방차원까지는 개방을 원하지 않고 있기 때문이다. 남북 지방 간 자매결연 사업의 실현이 어려운 또 하나는 북한의 행정체제가 남한의 행정체제와는 전혀 다르다는 점이다. 북한의 행정체제의 특징 중 가장 두드러진 점은 중앙집권적 행정체제라는 것이다. 따라서 중앙의 승인 없이는 특정 지방이 남측의 특정 지방자치단체와 임의로 자매결연을 추진할 수 없다. 두 번째 이유는 만약 북측이 남측의 제의를 받아들여 특정지방끼리 자매결연을 체결하였다 하더라도 남측이 원하고 기대하는 성과가 나타나지 않는다고 판단했기 때문이다. 심사위원회는 오히려 충분한 사전 교류 및 상호 신뢰에 바탕을 두지 않는 자매결연 체결은 상호 갈등의 원인을 제공할 수도 있을 것이라고 판단하였다. 심사위원회는 한 예로 통일 전 동서독 지방정부 간의 자매결연 체결은 한편으로는 상호 교류의 폭을 넓혀주는 계기가 되기도 하였지만, 다른 한편으로는 상호 갈등·불신 증폭의 원인으로 작용하기도 하였다는 것을 염두에 두었다. 이 밖에 심사위원회는 현재 전국의 많은 자치단체가 다른 국가의 도시들과 국제 자매결연을 체결해놓고 뚜렷한 교류협력의 실적이 없는 경우가 많은 점을 염두에 두면서 남한의 자치단체가 북한의 지방과 자매결연을 체결하였다 하더라도 활발한 교류가 추진되기보다는 정치적인 행사로 끝날 가능성이 많다는 점을 우려하였다. 따라서 심사위원회는 이러한 상황을 고려하여 충분한 사전 교류 및 상호 신뢰구축이 없는 상태에서 추진되는 자매결연 사업을 불허하기로 하였다.

4) 지방자치단체 남북교류협력사업의 성과와 문제점

(1) 성   과

지방자치단체 남북교류협력사업의 경험이 짧을 뿐만 아니라 정부차원의 남북관계도 기대한 만큼 진전되지 않은 상황에서 현재까지의 사업의 성과가 그리 크다고는 볼 수 없다. 표면적으로 나타난 성과는 채화하여 전국체전 최초로 남북한에서 채화한 불을 합해 민족의 화합을 상징적으로 기원하였다. 또한 강원도는 도지사의 공식 방북을 통하여 남북 강원도 간 교류협력사업 추진을 합의한 후, 연어 치어 방류사업, 금강-설악권 솔잎혹파리 공동 방제 사업을 성사시켰다. 또한 강원도는 북한에 씨감자 원종장 건립사업을 추진한 결과 사업의 성사를 앞두고 있으며, 철원군이 북한의 철원군과 벼 품종 시범운영 등 농업 분야의 교류협력사업과 기타 문화교류협력사업의 추진에 합의하였다.

이와 같이 지방자치단체 남북교류협력사업의 가시적 성과는 아직까지 그리 크다고는 볼 수 없지만 그 상징적 성과까지 간과할 수는 없다. 오히려 지방자치단체 남북교류협력사업의 시작은 기존의 남북관계에 다음과 같은 발전 계기가 되었다는 점에서 그 성과를 인정할 수 있다. 첫째, 지방자치단체 남북교류협력사업의 시작은 남북문제 및 한반도 통일문제가 단순히 중앙정부의 전유물이 아닌 지방자치단체들에게도 중요한 관심과 정책의 대상이 되었다는 점이다. 즉 그동안 정부 중심으로 추진되어 왔던 남북교류 채널이 지방차원으로 확대되었으며 다원화되는 계기가 되었다는 점이다. 특히 남북교류 채널의 확대와 다원화는 그 자체의 의미는 물론 정부중심의 남북교류가 경직될 경우 남북관계 진전의 또 다른 돌파구로 활용될 수 있다는 점에서 그 의의를 찾을 수 있을 것이다. 지방자치단체 남북교류협력사업의 두 번째 성과는, 이제 정부뿐만 아니라 지방자치단체들도 남북관계 및 통일 문제에 대해 깊은 관심을 가지고 이를 정책화할 수 있는 능력이 있다는 가능성을 보여준 것이다. 전국의 지방자치단체들도 독자적으로 남북교류사업을 추진할 수 있다는 사실은 사업의 추진과정에서 보여준 관심과 열의 또 주민들을 대상으로 한 사업홍보 등에서도 잘 나타나고 있다. 특히 중요한 사실은 정부의 대북정책에 대해 정치권이 정치적 이해에 따라 상반된 입장을 견지하고 있는 것에 반해 사업을 추진했던 대부분의 지방자치단체에서는 단체장의 당적에 관계없이 어려운 북한의 실정을 이해하고 동포애차원에서 북한을 지원하고 상호교류협력을 위한 발판을 구축하여 북한의 체제를 개방, 통일의 기틀을 조성하여야 한다는 데 이견이 없었다는 점이다. 지방자치단체 남북교류협력사업의 세 번째 성과는 이에 대한 북한의 태도가 조금씩 긍정적으로 변해가고 있다는 점이다. 지방자치단체 남북교류협력사업에 대해 북한은 기본적으로 소극적인 태도를 보여 왔으며, 이러한 입장은 현재도 크게 변한 점은 없다. 그러나 북한은 일부 지방자치단체의 사업에 대해서는 예상외로 적극적인 태도를 보임으로써 남북교류협력사업의 추진결과가 그리 부정적이지만은 않다는 것을 보여주고 있다.

한 예로 북한 강원도 지사, 철원군 군수 등을 개인 자격이 아닌 지방자치단체장의 자격으로 초청하여 사업에 대해 협의하고 합의한 것은 중앙정부뿐만 아니라 남한의 지방자치단체를 대화와 협력의 파트너로 인정한 것을 볼 수 있다. 특히 강원도의 경우 대표단이 북한을 방문할 때 중국, 판문점 등 제3의 장소를 경유하지 않게 하고 강원도 해상을 통해 북강원도 원산에 도착하게 한 것은 북한이 남한의 지방자치단체와의 교류에 관심이 있다는 것을 보여준 것이라고 해석할 수 있다.

(2) 문제점

지방자치단체 남북교류협력사업의 소기의 성과에도 불구하고 실태 분석결과 많은 문제점을 가지고 있다.

① 북한의 소극적인 태도 및 남한의 과도한 의욕

북한이 강원도 등 일부 지방자치단체가 추진했던 사업에 대해 적극적인 자세를 보이기도 하였지만, 아직까지 남북교류협력사업에 대한 북한의 전반적인 입장은 대단히 소극적이라 볼 수 있다. 반대로 남한의 지방자치단체들은 6·15 남북공동선언 발표 직후 최근까지 남북교류협력사업에 대해 꾸준한 관심을 보이고 있으며, 또한 일부 지방자치단체들 간에는 사업의 성사를 위한 치열한 경쟁도 벌어지고 있다. 이 과정에서 가장 우려되는 문제점이 북한이 남한 지방자치단체 간의 과도한 경쟁을 이용하여 특정 지방자치단체에게 사업의 성사 조건으로 과도한 현물을 요구하는 경우이다. 이럴 경우 대부분의 지방자치단체는 북한의 요구를 단호히 거절하지 못하게 되고 이러한 상황이 일종의 관행이 될 경우 교류협력사업은 본래의 목적과 취지에서 벗어나게 될 것이다.

② 지방자치단체의 사전 준비 부족

지방자치단체 남북교류협력사업은 그 성사 가능성이 매우 낮은 사업이다. 또한 그 추진과정에서 예상치 못한 문제가 발생될 수도 있는 사업이다. 특히 남북교류협력사업은 대부분 북한을 지원하는 사업이기 때문에 사업이 성공하였다 해도 해당 지방자치단체에게 직접적인 이익이 되는 사업은 아니다. 따라서 사업을 추진하려는 지방자치단체는 사업의 추진단계에서 우선 사업 성사의 가능성, 추진과정의 문제점, 사업의 성과 등에 대해서 충분한 진단이 있어야 함에도 불구하고 대부분은 사업의 성사 가능성을 면밀히 분석하기보다는 사업의 성사에 대해 너무 긍정적으로 생각하고 있으며, 추진 과정에서 나타날 수 있는 문제점에 대해서도 아무런 준비가 없는 상태이다.

③ 남북교류협력사업 추진체계 문제

현재 지방자치단체 남북교류협력사업의 승인에 관한 업무는 통일부와 행정자치부가 분담해서 행사하고 있다. 이것은 지방자치단체의 조정 업무를 담당하고 있는 행정자치부에게 그 권한을 위임하여 업무를 신속하고 효과적으로 추진하기 위한 목적이었다. 또한 6·15 남북공동선언 발표 후 늘어나고 있는 지방자치단체 남북교류에 관한 업무의 전문성을 제고하여 그 심사를 공평하게 하겠다는 의도였다. 그러나 동일 업무에 대한 두 부서의 역할 분담은 업무 추진의 전문화와 효율화를 위해 긍정적으로 작용하기보다는 오히려 승인 과정이 복잡해지고 그 책임소재가 불명확해지는 부작용이 발생할 우려가 제기되고 있다. 현행 법률에 의하면 지방자치단체 남북교류협력사업에 대한 최종 권한과 책임은 통일부에 있으나 실제적인 업무를 행정자치부에서 담당하고 있기 때문에 심사 과정이 복잡한 것은 물론 심사 결과에 대한 책임과 권한의 소재를 명확히 할 수 없다는 우려의 제기이다.

④ 지방조례 미제정

지방자치단체의 남북교류협력사업도 주민의 합의와 동의 속에 추진되어야 하며, 지방자치단체도 이에 대한 조례를 제정한 후 사업을 추진할 필요가 있다. 그러나 현재 남북교류협력사업을 추진하고 있는 지방자치단체 중 이 사업에 관한 조례를 제정한 지방자치단체는 한 곳도 없으며 지방의회의 승인만 받은 후 추진되고 있는 실정이다.

⑤ 사업 선정의 문제:

실현 가능성이 적은 사업, 일회성 이벤트성 사업, 구체성이 적은 사업의 선정 지방자치단체가 남북교류협력사업의 추진에 있어 가장 유의할 점은 사업의 선정이다. 즉 사업을 추진하려는 지방자치단체는 사업의 선정에 주의하여 북한이 지방자치단체의 사업제의에 응할 수 있는 사업이면서 그 사업이 일회성 사업으로 끝나지 않고 계속해서 추진될 수 있는 사업을 선정하여야 한다. 또한 사업은 그 사업 내용이 구체적이어야 하며 규모도 적정하여야 한다.

⑥ 정부 지원 체계의 미비: 정보지원·재정지원의 미비

남북교류협력사업에 대한 지방자치단체의 의욕과 관심과는 달리 정부의 지원체계는 극히 미비한 편이다. 현재 행정자치부에서 담당하는 업무의 핵심은 지방자치단체의 사업계획서를 심사하여 그 승인여부를 결정하는 것으로, 지방자치단체를 지원하고 어려움을 해결해주는 업무라고는 볼 수 없다. 오히려 지방자치단체의 입장에서는 사업심사를 담당하는 행정자치부가 사업의 원활한 추진을 제한하고 규제하는 기능만을 담당하고 있다고도 볼 수 있다. 통일부 또한 행정자치부에게 상당한 업무를 위임한 상태에서 현재 특별한 업무를 담당하고 있다고는 볼 수 없다. 결론적으로 정부는 현재 사업이 성공적·효과적으로 추진될 수 있도록 지원해주기보다는 오히려 사업을 규제하고 제한하는 기능만 담당할 뿐이다.

⑦ 중앙정부와 지방자치단체 간의 협조체계 미비

남북교류협력사업도 정부의 다른 정책과 마찬가지로 사업의 내용과 그 추진방법에 있어 중앙정부와 지방자치단체 간의 의견 차이가 있을 수 있는 사업이다. 독일의 경우에서도 지방자치단체 동서독 교류과정에서 중앙정부와 지방자치단체의 의견 차이가 문제점으로 제기된 바 있다. 우리의 경우 아직까지 사업의 내용, 추진 방법으로 인하여 중앙 정부와 지방자치단체 간의 갈등이 표출된 적은 없지만, 지방자치단체 남북교류협력사업이 점차 활성화될 경우 이러한 문제의 제기를 배제할 수 없을 것이다.

한 예로 정부는 남북 지방 간의 자매결연사업이 그 성사 가능성이 적고 그 추진과정에서 많은 문제점이 나타날 수 있다고 판단하고 당분간 남북 간 자매결연사업을 자제할 것을 권고하였다. 그러나 정부의 방침에도 불구하고 많은 지방자치단체들은 남북 간 자매결연사업이 그 효과가 있다고 판단하고 기회가 되면 사업을 추진하겠다는 의사를 밝히고 있어 그 갈등의 소지를 남기고 있다.

지방자치단체 간 남북교류협력사업의 활성화는 지금까지 중앙 정부 또는 특정 기업 중심의 남북관계를 보다 유연하게 운영하여 복합적이고 다원화된 채널을 통하여 북한사회의 폐쇄성과 경직성을 이완시킨다는 점에서 그 의의를 가진다. 또한 특히 지방자치단체의 남북교류협력사업은 주로 비정치적, 비군사적 분야에 제한된다는 점에서 중앙 정부 차원의 교류보다 교류의 지속성을 유지할 수 있다는 장점을 가지고 있다. 즉 지방 차원의 남북교류는 중앙정부 차원의 교류가 가지는 한계를 극복하고 교류 내용의 다양화를 실현할 수 있으며, 교류의 지속성을 유지할 수 있다는 것이다.

그러나 이는 사업의 주체가 되는 남한의 지방자치단체가 성사 가능한 사업을 선정하여, 합리적인 계획하에 사업을 추진할 경우에 가능하다. 또한 중앙정부도 이에 합당한 계획을 수립하여 지방자치단체가 추진한 사업을 여러 방면에서 지원·조정했을 경우에만 가능하다. 특히 성공적인 사업 수행의 필수적 조건은 남한 중앙정부 및 지방자치단체

의 사업 추진의사에 대한 북한의 긍정적인 태도이다. 결론적으로 지방
자치단체의 남북교류 협력사업이 계획했던 성과를 나타내기 위해서는
남북 간의 협조는 물론이며, 남한의 지방자치단체와 중앙정부 상호 간
의 협력체제도 구축되어야 한다.

제3장
수도권 과밀화 해소를 통한 지방자치발전

1. 자치발전과 지방분권

1) 수도권 과밀과 국토불균형의 실태

(1) 인구의 수도권 집중

수도권의 인구는 지속적으로 확대되고 있으며 비중 또한 증가하고 있다. 1970년에 전국대비 수도권 인구는 28.8%에 불과했으나 2000년에 이르러 46.3%로 급증했다. 전국인구에서 점유하는 서울인구의 비율은 1990년의 24.4%를 고비로 감소하는 데 반해, 인천과 경기도의 인구 점유비는 계속 증가하고 있다. 전국토의 11.8%의 면적에 46.3%의 인구를 점유하는 우리나라 수도권의 집중현상은 다른 선진국에 비하여 유례가 없는 초집중 현상이다. 외국 수도권의 인구 집중도를 보면 국토의 9.8%를 점하는 광역 동경권은 32.3%를 보인다. 그리고 런던권은 21.6%, 파리권은 18.2%에 불과하다. 수도권은 다른 선진국의 대도시권에 비해 인구밀도가 매우 높다. 서울시 면적 기준으로 서울시는 178인/ha인데 비하여 파리 세느데파르망은 81인/ha, 런던 내부13구는 72인/ha에 불과하다. 서울시와 인근 6개 시의 인구밀도는 71인/ha인 데 반해 파리 세느데파르망과 세느에마리느의 인구밀도는 36인/ha에 머물고 있다. 수도권 전체를 보면 17인/ha로 집계되는 데 비해 뉴욕대도시권은 6인/ha로 나타난다. 非수도권은 경제적 낙후로 인구유출이 지속되고 있다. 이러한 非수도권 지역에서의 지속적인 인구유출은 지방의 노동력 및 소비시장의 기반을 붕괴시키고 있다. 이로 인해 지방은 경제력의 공동화와 지방 재정력의 축소라는 이중고를 겪으며 전반적인 침체의 늪에서 벗어나지 못하고 있다. 특히 호남지역은 1960년에 전국 인구대비 23.8%를 점유했으나 2000년에는 11.4%로 격감했다.

(2) 산업경제기능의 수도권 집중

우리나라는 지난 40여 년 동안 집적경제의 산업정책을 수행하여 급속한 공업화를 추진하였다. 그 결과 산업이 수도권에 집중되어 지역간 불균형이 커졌다. 2000년 전국 제조업체의 절반 이상, 예금액의 60% 이상, 대학관련지표의 40% 이상, 의료시설수의 47.5%가 수도권에 집결해 있다.

수도권은 서울과 주변지역이 기능적으로 연계된 하나의 기능지역을 구성하면서, 그 내부에서는 중심도시인 서울은 업무 및 서비스기능으로, 주변지역은 제조업기능으로 공간적인 기능분화 현상이 정착되고 있다. 서울의 제조업 비중은 계속해서 감소하고 있는 추세인 반면에 경기도의 비중은 증가하고 있다. 제조업의 비중이 증가하고 있는 지역에서는 제조업 중에서 첨단산업의 비중이 증가하고 있다. 경기도가 첨단산업의 생산기지로 변화할 수 있었던 이유는 각종 정보가 집적되어 있는 서울과 인접해 있기 때문이다. 또한 서울의 고급인력을 쉽게 확보할 수 있으며, 대학 및 연구기관과의 접근성이 좋기 때문이다. 지역발전의 성장을 주도할 수 있는 혁신역량을 갖춘 대학, 연구소, 기술인력, 기술개발자금 등이 수도권 지역에 편중되어 있는 등 지방의 과학·기술 인프라가 열악한 상황이다. 예를 들어 대학 우수연구센터의 50%, BK21사업 이공계분야의 59%, 정부 기술기반조성자금의 54.2%, 민간 연구개발자금의 83.1%, 기업 부설연구소의 71.2%가 수도권에 집중되어 있다. 그리고 비수도권에는 바이오, 정보통신, 환경, 문화 등 지식기반 신산업의 지역기반이 미흡하여 지식기반시대의 지역경제 활성화에 장애요인으로 작용하고 있다.

2001년의 경우 벤처기업 집적시설을 보면 수도권이 86.8%인 데 반해 비수도권은 13.2%에 불과해 현저한 수도권 집중 양상을 보인다. 지역별 벤처기업수의 분포를 보면 수도권이 72.4%를 나타내 압도적이다. 이에 비해 전라권은 3.7%에 머물고 있어 수도권과 현격한 차이를 나타낸다.

한편 기업의 지방분산 전략은 해당 기업의 생존 또는 성장가능성보다 수도권 집중억제에 초점을 두어 그 효과가 미흡하였다. 예를 들어, 1970년대의 새마을 공장, 1980년대의 농공단지, 1990년대의 첨단산업단지 중 입지여건이 불리한 곳은 정부지원에도 불구하고 대부분 실패하였다. 특히 1990년대에 지방자치단체가 경쟁적으로 조성한 지방산업단지는 분양률이 낮아 지방재정을 압박하여 오히려 지역발전의 발목을 잡는 사례가 빈발하고 있다. 지역발전이 특히 열악한 낙후지역 개발촉진정책 등도 재원부족과 분산된 지원체계 때문에 실효성이 낮은 형편이다. 또한 지역산업에 대한 정부지원정책은 산업단지조성, 시설·장비의 설치 등 요소공급형 하드웨어 중심으로 이루어져 지역의 혁신체계 구축을 통하여 지역의 핵심성장 역량을 신장시키기에는 역부족인 상황이다.

(3) 중추관리기능의 수도권 집중

각종 행정서비스의 중추기능이 대부분 수도권에 집중되어 있는 바, 전국 공공청사 276개소의 84.8%인 234개소와 전국 중앙기관수 140개소의 85.0%인 119개소가 수도권에 있다. 수도권에는 청 단위 이상 중앙행정기관의 72.7%, 정부투자·출자기관의 85%, 정부출연연구기관의 69.8%, 100대기업 본사의 95%, 기업부설연구소 및 벤처기업의 71.2%가 몰려 있다. 정부·민간의 중추기능이 수도권에 집중됨으로써 이에 따른 인력 및 하위 관리기능이 연쇄적으로 수도권에 집결하는 현상이 발생한다. 예를 들어 사무관리직 취업자의 56%, 제조업체의 57%, 예금액의 51%가 수도권에 집중되어 있다. 공공기관의 이전을 위한 계획이 1970년대 초 이래 계획·시행되어 왔으나 지역균형발전을 도모하기에는 양적·질적으로 부족하다. 그나마 1980년 이전에 계획된 것이 대부분이며 정부부처를 서울에서 과천으로 이전한 것이 대표적이다. 1980년대 이후에는 정부산하 연구기관과 청 단위 이전이 주를 이루었는 바 특정 도시 대전에 집단화함으로써 전국 차원의 지역불균형 문제를 시정하기에는 미흡하다(표 5). 국영기업체는 1985년 이후 非수도권으로의 이전계획이 없다. 1970년 이후 정부기관의 이전계획은 60여 개였으나 실제로 이전한 정부기관은 36개 기관에 머물렀다. 국영기업체의 경우 이전한 업체 가운데 5개 업체가 다시 서울로 복귀하는 등 정부기관과 국영기업체의 非수도권으로의 이전은 소기의 성과를 거두었다고 보기 어렵다. 기업활동의 젖줄인 금융분야의 수도권 집중도는 60년대부터 단순 총액 기준으로 60~70%를 점하고, 특히 금융서비스 결정권은 금융기관의 본부가 대부분 수도권에 위치해 있는 관계로 수도권에 완전 집중되어 있다. 이러한 금융서비스의 수도권 집중이 산업 및 인구의 수도권 과잉집중을 가속화해 왔다. 기업활동의 필수 불가결한 SOC 중 도로만 하더라도 수도권의 도로길이는 ㎢당 1.9㎞로서 非수도권의 0.8㎞의 2.3배에 달한다. 수도권 도로의 폭을 감안하면 수도권의 단위당 SOC 투자규모는 지방의 4~5배에 이르는 것으로 추정된다. 그럼에도 불구하고 수도권의 인구·산업활동의 집중으로 물류비

증가 등 국가적 부담이 증대되고 있다. 非수도권 지역에서의 지속적인 인구유출과 수도권으로의 기능집중은 지방의 노동력 및 소비시장의 기반을 붕괴시키고 있다. 이로 인해 지방은 경제력의 공동화와 지방재정력의 축소라는 이중고를 겪으며 전반적인 침체의 늪에서 벗어나지 못하고 있다. 그리고 이러한 상황은 국가적 경쟁력의 약화와 국민적 통합의 저해, 지방자치의 위기라는 부정적 상황을 불러왔다.

(4) 수도권과 비수도권과의 경제력 격차

2000년의 경우 수도권과 非수도권과의 총량경제력을 비교해 보면 평균적으로 52.6% 대 47.4%의 비율을 보여 단연 수도권 집중이 탁월하다. 특히 수도권의 조세수입은 전체 조세수입의 70.9%를 나타내며 금융거래 또한 수도권이 66.8%를 점유하여 대부분의 돈의 흐름이 수도권에서 이루어지고 있음을 보여준다. 전국의 총량경제력을 1로 잡았을 때 수도권은 전국보다 많은 1.14를 기록하는 데 반해 非수도권은 0.88에 머물고 있다.

총량경제력의 연도별 변화추이를 보면 1995~2000년의 기간 중 수도권과 非수도권과의 격차가 더욱더 벌어지고 있다. 1997년의 경우 수도권과 非수도권의 비율이 51.3% 대 48.7%로 비교적 그 간격이 좁혀졌다. 그러나 IMF가 일어난 1998년 이후 수도권과 非수도권과의 격차는 급격히 벌어지기 시작하여 1998년과 1999년에 각각 52.2% 대 47.8%로 나타나더니 2000년에는 52.6% 대 47.4%로 그 간격이 크게 벌어졌다.

2) 수도권 집중의 배경과 관리원칙

(1) 수도권 인구집중의 원인

우리나라의 산업구조변화는 도시화를 가져왔고, 도시화가 극대화된 곳이 바로 수도권이다. 수도권의 인구집중은 산업화, 특히 제조업체의 수도권 집중과 밀접하게 연계되어 있다. 최근에 첨단산업 및 생산자서비스업의 수도권 집중은 수도권 인구이동의 새로운 견인력이 되고 있다.

주택의 수요와 공급은 수도권 인구이동의 주요한 배경이 되고 있다. 특히 수도권 주택신도시 건설은 주택증가에 따른 인구유입을 주도하고 있다. 1995년의 경우 분당·일산·중동·평촌·산본 등 수도권 5개 신도시의 전입자는 455천 명으로 정점을 이루는데 1990년 이후 매년 70%를 상회하는 비율이 서울로부터의 전입자로 집계된다. 이것은 신도시개발이 서울인구를 유인하고, 서울에서 신도시로 이주해 나간 자리에는 수도권 또는 지방으로부터 새로운 인구가 유입되는 주택여과 과정(filtering)이 전개되고 있음을 의미한다. 수도권에서 거주교외화가 전개되는 데 가장 중요한 역할을 해온 것이 교통체계의 개선확충에 있다. 교통수단이 대중교통을 중심으로 변모되면서 중심도시는 도시주변지역으로 분기적 확장을 진행시켜왔으며, 특히 자가용 승용차는 교외지역 형성에 결정적 역할을 하였다.

또한 거주의 교외화에 따라 서울의 인구가 경기도로 전입하는 현상은 행정제도적 차원에서 행해지는 정책적 조처에도 많은 영향을 받았다. 서울의 비대화를 억제하기 위한 조처로 취해진 개발규제나 서울시내 건축 활동의 억제와 고부과세 정책 등이 서울인구를 경기도로 밀어내고 있다.

서울주변지역이 보여주는 저렴한 지가 역시 경기도로 인구를 유인하게 한 요인이다. 지가는 용지활동의 가능성에 대한 보다 직접적인 표현이라 할 수 있다. 서울시는 인구과밀과 용지부족 등에 의해 지가가 크게 앙등한다. 이에 비해 서울주변지역은 상대적으로 지가가 매우 저렴하여 서울시에서 집을 구하기 어려운 사람들의 주택 마련에 한몫을 하며, 서울시에서 임대주택을 빌려 쓸 수 있는 비용으로 경기도에서는 보다 넓고 쾌적한 주거지를 구할 수 있다. 그리고 상당수의 사람들이 서울이라는 중심도시보다 주변지역인 경기도가 정신적 안정을 가져다주고, 질적 풍요로움을 느낄 수 있는 장소로서 자녀를 양육하는데 알맞은 곳이라는 등의 환경 인식을 가지고 있다. 이러한 중심도시 주변지역에 대한 쾌적성(amenity)의 측면에서 경기도를 거주지로 선택하고 있는 양상도 나타난다.

(2) 수도권 관리의 원칙과 방향

투기와 개발의 회오리바람을 잠재우고 수도권의 폭발을 막는 한편 지역균형발전을 도모하기 위해서는 다음의 원칙에 입각하여 수도권을 관리하는 것이 바람직하다.

① 지속 가능한 관리

지난 세월 동안 우리는 성장지상주의에 몰두하여 '선개발 무계획'의 자세에서 국토를 '지속 불가능한' 지역으로 변모시켜 왔다. 이제는 패러다임을 바꿔야 한다. 우리의 국토를 지속 가능한 삶의 터전으로 만들기 위해서는 '선계획 후개발'의 원칙 아래 국토를 다스려야 한다. 이를 위해 수도권에서는 광역도시계획을 조속히 시행해야 한다. 광역도시계획을 시행해야 하는 예를 하나 들어보면 이렇다. 수도권의 경우 경기, 인천 주민의 서울로의 통근학률이 20～30%선이나 되는 교외화 가 진행되었다. 몸은 경기, 인천에 살지만 생활터전은 서울이라는 얘 기다. 따라서 서울, 경기, 인천은 하나의 광역권으로 묶어 광역적으로 관리해야 한다. 오늘날의 행정구역은 그곳에 사는 시민들을 위해 존재 하는 시대가 되어야 하는 것이다. 땅에 관한 제도와 법령도 정비되어 야 한다. 우리나라에는 국토관련법령이 무려 90여 개나 있다. 담당공 무원도 이해하기가 벅차다. 현재의 국토관련 법령은 과감하게 정비되 어 지속 가능한 국토관리의 기틀이 되어야 한다. 특히 도시와 농촌을 함께 엮는 '도시농촌계획법'의 제정을 통해 수도권과 국토전체를 통괄 하는 것이 마땅하다.

② 친환경적인 관리

그동안 성장드라이브의 건설정책은 반환경의 폐해를 낳았다. 녹지와 터진 공간(open space)을 없애고 그곳에 집과 공장, 기업과 공공시설 물을 과다하게 집어넣었다. 특히 국토의 26%에 달하는 준농림지가 무 참히 파괴되고 국토의 5.4%에 달했던 그린벨트는 일부지역이 전면해 제 되었다. 이러다가는 녹지가 남아나질 않는다. 이제는 '친환경'의 논 리를 국토관리의 중심에 놓아야 할 때이다. 새로운 용도지역제를 도입 하여 국토를 개발대상지와 보전대상지로 구분한 후, 개발대상지는 종 합계획과 지구단위계획에 의해 개발을 허락하는 개발허가제를 실시할 때이다. 집중화의 주요인이 용적률에 있기 때문에 용적률을 하향 조정 해야 한다. 특히 제3종 일반주거 용적률은 200% 이하로 설정하는 것 이 마땅하다. 개발이익의 환수와 개발규제에 대한 손실 보상도 함께 실시해야 한다.

③ 시민중심의 관리

수도권과 국토관리는 시민의 삶의 질과 안전을 도모하는 정책으로 진행되어야 한다. 모든 도시 시설물의 안전 검사와 시설물 설치 시 '선심사 후검사' 제도를 도입할 필요가 있다. '참여 없이 개발 없다'는 시민참여 모니터링 장치를 마련하고 일정규모 이상의 개발에는 주민의 의견청취를 의무화해야 한다. 각종 도시계획위원회에 시민환경전문가의 참여가 제도적으로 마련될 필요가 있다.

④ 균형화된 상생

균형관리의 요체는 수도권이다. 기본적으로 수도권에 살면 득이 없고 비수도권에 거주해도 수도권 못지않은 혜택을 누리도록 하는 정책을 구사해야 한다. 수도권에는 수도권에서만 할 수 있는 기능을 입지시키면 된다. 수도권에 꼭 필요치 않은 기능은 과감히 비수도권으로 이전해야 한다. 그래야 수도권도 살고 비수도권도 함께 사는 상생의 시대가 열린다. 또한 각 지역은 그 지역에 맞는 기능을 특화할 필요가 있다. 수도권과 비수도권의 상생 발전을 기조로 하는 지역정책으로의 전환을 위해서는 수도권과 비수도권 주민들이 국가경쟁력 강화를 위해 지역발전전략을 전환할 필요성이 있다는 데 대한 인식을 공유하도록 유도하는 노력이 필요하다. 그 대안으로 수도권 입지규제 대신 수도권에서 발생한 소득의 일부를 지방으로 이전하고 지방은 그 재원을 지방유치기업에 대한 인센티브 및 인프라 제공 등 지방자체의 성장역량을 키우기 위한 재원으로 활용하는 방안이 있다. 지역 간 이전재원을 마련하기 위해서 새로운 세목을 도입하는 대안과 기존의 주민세에 부과하는 대안 등의 효과에 대한 검토가 필요한 시점이다.

3) 수도권 분산의 실천적 개선방안

지속 가능과 친환경, 시민중심과 상생의 원칙에 입각해 볼 때 수도권의 폭발을 막고 수도권을 살릴 수 있는 실천적인 개선방안은 다음과 같이 상정할 수 있다.

(1) 권력의 분산

권력의 분산은 수도권보다 비수도권에 입지하는 것이 더 좋은 중앙부처를 非수도권으로 이전하는 일부터 시작되어야 한다.

행정수도의 건설과 중앙부처의 지방이전에 있어서는 부처의 특성과 지역특화전략에 따라 여러 지방으로 분산 이전하는 방안이 병행, 추진되어야 한다. 예를 들어 농업기능이 특화된 광주전남지역에 농림부를 이전하고, 대덕과학단지가 있는 대전에 과학기술부를 이전할 수 있다. 오송 생명과학단지에 보건사회부를 이전하고, 해양기능이 특화된 부산에 해양수산부를 이전할 수 있다. 중앙부처의 이전에는 산하 관련기관이 함께 옮겨감으로써 실질적인 분권을 이룰 수 있다. 종국에는 행정수도를 이전해야 한다. 그리고 이전지역의 선정에 있어서는 객관적 기준을 명확히 해서 국민적 공감대를 이루어야 한다.

중장기적으로 국가공공기관의 지방이전을 단계적으로 추진할 필요가 있다. 국가공공기관의 특성에 따라 이전 가능한 기관의 경우 지역분산을 의무화할 필요가 있다. 중앙행정기관, 주요 부속기관, 정부 산하기관, 정부 투자기관 등 총 600여 개의 수도권 소재 기관에 대하여 비수도권으로의 필요성과 가능성에 대하여 면밀히 조사해야 한다. 국가공공기관의 이전과 이전기관 종사자들의 지방정착을 촉진하는 각종

인센티브를 제공하며, 이전 대상지역의 주거, 교육, 문화 등 정주여건
을 종합적으로 향상시킬 수 있는 방안을 모색해야 한다.

(2) 기능의 분산

정부기관과 민간기업이 비수도권으로 이전한 후 관련인력이 지방에
정착하고 지역과의 네트워크를 구축하도록 함으로써 지방분권화의 효
과와 인구분산 및 소득 창출 효과를 극대화하려는 노력이 필요하다.

정치, 경제, 산업의 모든 기능을 수도권이 독점한 상태에서 국토의
균형 발전을 논의하는 것은 자가당착이다. 수도권을 꽃동산으로 만들
어 놓고 사람들이 들어오지 못하게 하는 것은 앞뒤가 맞지 않는다. 꼭
수도권에서 수행해야 할 기능들, 예를 들어 국제유통기능, 국제업무기
능 등은 수도권에서 담당하게 하고 그렇지 않은 기능들은 과감히 비
수도권으로 이전시켜 수도권과 비수도권이 함께 살 수 있는 상생의
자세를 보여야 한다. 주요 대학 등의 교육기능도 선별적으로 비수도권
으로 이전하는 방안이 있다.

대기업의 본사를 비수도권으로 이전하고 금융기관의 본사도 비수도
권으로 이전해야 타당하다. 미국의 행정수도인 워싱턴에는 대기업의
본사가 거의 없다. 수도권에 대기업과 금융기관의 본사가 입지해야 할
명분이 없다. 수도권에 대기업의 본사가 입지하는 것은 기업이 정치와
행정 기능과 함께 있어야 살 수 있다는 다분히 정경유착의 관념이 깔
려있다. 이런 기업 입지 패러다임으로서는 비수도권의 활성화를 기대
할 수 없다. 대기업이나 금융기관의 비수도권으로의 이전에는 인센티
브를 제공할 때 더욱 효과적이다. 전국형 금융기관이 수도권 이외 지
역으로 이전할 경우 제조업과 동일한 세제혜택을 제공해 줄 수 있다.

금융기관이 주요부서 혹은 지원업무시설을 수도권 이외 지역으로 이전하거나 신규 유치할 경우 지방세 및 법인세 가면, 설비 투자비용의 손비 처리 등의 혜택을 부여하고, 독립적인 경영단위체인 사업부제 도입을 확대하여 각종 지원업무 부서의 지역이전이 이루어질 수 있는 환경을 조성할 필요가 있다. 수도권으로부터의 기업이전을 위한 통합 인센티브제도를 강화하는 방안을 마련할 필요가 있다. 세제지원의 경우 법인세, 소득세 감면기간을 대폭 완화하고, 지방세 감면의 경우 국고에 의한 보전방안을 강구하며, 개별 부담금을 면제해 줄 뿐만 아니라, 금융지원의 경우 장기 저리 또는 무이자 융자를 강구할 수 있다.

수도권 명문대학의 일부과정을 지방의 특정도시에 집단화하는 방안을 마련할 것이 요구된다. 부지 매입·조성 및 인프라건설 등에 정부 지원을 확대하고, 학점교류, 교수 요원의 교류, 학교행사의 공동개최를 추진할 수 있다.

지자체 간의 유치경쟁을 위한 지원기반을 모색해 볼 수 있다. 지자체가 다양한 인센티브 프로그램을 만들 수 있도록 재량권을 부여하고, 민간기업 유치 시 국고 보조금의 지급, 지방채 발행 등에 주는 등 간접적인 인센티브를 제공할 수 있다.

(3) 非수도권의 경쟁력 강화

이제는 수도권을 제외한 5대도시권과 농어촌 중소도시 육성에 보다 역점을 두는 非수도권 우대 장려정책을 펼칠 때이다. 非수도권의 경쟁력을 강화하고 국토均형발전을 위해서는 지역별 전략산업을 육성하고, 지역발전을 선도하는 지역교육을 특성화하며, 농어촌을 전략적으로 육성할 필요가 있다. 나아가 국토균형발전기금을 조성하여 비수도권 지

역에 차등적으로 지원하며, 범정부적 지역발전 추진체계를 구축하여
중·장기적으로 일관성 있게 집행해야 한다.

비수도권의 균형발전을 위한 세부 정책과제는 다음과 같이 도출할
수 있다. 첫째, 수도권과 지방 간의 배타적 구도에서 탈피하고 수도권
과 지방이 다 함께 잘사는 상생의 공동발전논리를 구축해야 한다. 둘
째, 수도권을 비롯해 지역별로 특화된 기능을 집중 육성하여 지역고유
의 경쟁력을 확보하는 기반을 강화하여야 한다. 셋째, 지방자치단체의
역할과 기능을 확대하는 지방분권화, 지역의 세계화, 지역 간 협력·통
합을 도모하여야 한다. 넷째, 민·관 중추관리기능을 지방에 분산하고,
조건불리지역의 주민정주기반을 구축하며, 교통·정보인프라 확충을
통한 지역격차를 해소해야 한다.

(4) 균형선도도시의 건설

균형선도도시(pilot city, package city)란 국토균형발전을 선도해나
가는 강력한 지방 거점도시를 일컫는다. 산업, 교육, 문화, 거주, 상업
기능 등 보통시민들의 삶의 질을 최대한 보장할 수 있는 최상의 기능
들을 함께 갖추어진 균형선도도시를 만들어 그곳으로 사람들이 자연
스럽게 유입되도록 하는 방법이다. 균형선도도시는 수도권의 어느 도
시보다 더 좋은 사회경제적 하부구조를 튼튼하게 구축하여 삶의 질을
풍요롭게 만들고, 자녀들에게 양질의 교육을 제공하게 할 필요가 있다.
균형선도도시는 공공부문에서 물리적 기반시설 등의 공적인 측면을
지원하고 민간부문에서 사회경제적 인프라를 구축하는 민관 협력 조
성 방법을 모색할 수도 있다.

균형선도도시의 개발에는 많은 재원과 시간이 요구된다. 따라서 단

계적으로 추진하되 시범적으로 전국적으로 몇 군데의 거점도시를 대상으로 추진할 수 있다. 예를 들어 영남권(예로 부산, 대구), 호남권(예로 광주, 전주), 충청권(예로 대전, 청주), 강원권(예로 강릉, 원주)의 기존 거점도시에 특구형태의 지구를 만들어 산업, 교육, 공공기관을 만들어 선도적인 균형도시를 구축할 수 있을 것이다. 산업, 교육, 공공기관의 복합기능을 갖춘 신도시를 만들어 균형선도도시를 육성하는 것도 또 다른 방안이다.

4) 결 론

세계적으로 수도권의 집중도가 높은 국가에 해당하는 일본, 프랑스, 영국, 멕시코 등과 비교해도 그야말로 비교가 안 될 정도로 우리나라의 수도권 집중도는 심각하다. 이러한 엄청난 사회적 비용을 치르고 있으며, 비수도권은 기반시설, 생활편익시설, 문화공간의 부족뿐만 아니라 취업과 정보접근의 기회가 빈약해서 더욱더 공동화 현상이 심화되고 있다.

보다 더 심각한 것은 이른바 IMF 사태 이후 각종 기능의 수도권 집중이 가속화되어 비수도권 지역의 상대적 박탈감이 극에 달하고 있다는 점이다. 수도권 집중해소와 지역균형발전을 위해서는 획기적인 정부의 대응조치뿐만 아니라 비수도권지역의 연대적 활동을 통한 비수도권지역의 발전을 통한 양자 간의 발전추진을 통해서 해결될 수 있으리라 본다.

수도권 과밀화 해소를 위해 위성도시 또는 신도시 건설만이 능사가 아니다. 자연적인 점진적 확대가 필요하다. 급진적으로 해결을 보려고 하다보니 오류성 정책이 남발하는 것이다.

〈참고문헌〉

· 지방분권과 지역혁신

  http://tiss.re.kr/divpower2/divpower3.html

· 수도권정책대안

  http://www.cfe.org/urban/books/LandReg/4.5.htm

· 수도권경제력집중과 해소방안(경상대학교 부속 사회과학연구소)

· 수도권집중실태와 정책적대응방안

· 분권화와 수도권 발전지략(한국행정학회)

· 연합뉴스

· 저자 ·

한만봉
(韓萬奉)

· 약 력 ·

1994. U.S.A. Midwest College(M.Div. Hon. D)
2002. 고려대학교(교육정책학 석사 – 수석장학생)
2005. 성균관대학교 대학원 박사Candidate(교육행정학 전공)

1995. 한국어린이선교원신학교 캠퍼스 분교 학장
2002. 고려교육정책학회 상임회장(학진 학회검색가능)
2002. 고구려대학교 설립추진위원회 법인이사
2003. 한주신학 학술원 설립이사(교수)
2004. U.S.A. Cohen University 정책학과 cross-appointed professor
2005. U.S.A Holy People University Campus 유학담당 지도교수
2005. PHILIPPINE PRESBYTERIAN THEOLOGICAL COLLEGE 객원교수
2005. 혜전대학 adjunct professor 교수
2005. 지방분권신문사 사장(대표 이사)

· 주요논저 ·

우리나라의 복지행정제도에 관한 고찰 연구(1988)
Kal Barth 의 신관 연구(1988)
한국 민중문화와 민중 신학 연구(1992)
Rein hold Niebuhr & Marx 에 대한 상관관계 연구(1993)
A CHRONOLOGICAL HARMONY OF THE RESURRECTION
APPEARANCES OF JESUS THE MESSIAH(1994)
북한종교의 변화 전망 연구(2002)
교육위원회와 지방의회간의 갈등 현상에 관한 연구(2001)
조선조 과거시험 방식의 정책적 분석(공동, 2005)
조선의 과거제도에 대한 정책적 연구(공동, 2005)
조선왕조 과거제도 인사정책 연구(공동, 2005)
조선왕조 과거시험주기 정책적 주장 분석연구(공동, 2005)
조선왕조 과거제도가 현대 정책에 주는 의미(공동, 2005)
과거제도 시험주기의 정책 분석연구(공동, 2005)
북한 종교지형 변천 정책 분석연구(공동, 2005)

『대학생활영어 ENGLISH LANGUAGE』(공저)
『행정경제교육』(저술)   『행정정책기획론』(저술)
『의원학』(저술)   『국회의원학』(저술)
『교육정책학 상』(저술)   『교육정책학 하』(저술)
『산학협동교육학』(저술)   『현대교육학실기론』(저술)
『현대환경행정론』(공저)   『행정사무관리론』(공저)
『영재교육심리』(저술)   『인사행정학』(저술)
『행정복지론』(저술)   『조직신학』(공저)
『아다르마 성공비법』(저술)   『교육학과 비서행정』(저술)
『동양환경행정』(저술)   『7만교인 교육론』(저술)
외 다수

· 연락처 ·

doctor@skku.edu 010-4432-8561 041-633-8561, 633-5741, 631-2094

지방자치발전론

- 초판 인쇄   2007년 8월 30일
- 초판 발행   2007년 8월 30일

- 지 은 이   한만봉
- 펴 낸 이   채종준
- 펴 낸 곳   한국학술정보㈜
           경기도 파주시 교하읍 문발리 526-2
           파주출판문화정보산업단지
           전화 031) 908-3181(대표) · 팩스 031) 908-3189
           홈페이지 http://www.kstudy.com
           e-mail(e-Book사업부) ebook@kstudy.com
- 등   록   제일산-115호(2000. 6. 19)
- 가   격   16,000원

ISBN 978-89-534-7035-4 93350 (Paper Book)
      978-89-534-7036-1 98350 (e-Book)